赢家之道2

——底与顶

（第二版）

沧桑战神　著

地震出版社
Seismological Press

图书在版编目（CIP）数据

赢家之道.2，底与顶/沧桑战神著.—2 版.—
北京：地震出版社，2021.7
ISBN 978 – 7 – 5028 – 5209 – 2

Ⅰ.①赢…　Ⅱ.①沧…　Ⅲ.①股票投资 – 基本知识
Ⅳ.①F830.91

中国版本图书馆 CIP 数据核字（2020）第 175294 号

地震版　XM4657/F(6012)

赢家之道 2——底与顶（第二版）

沧桑战神　著
责任编辑：范静泊
责任校对：凌　樱

出版发行：**地 震 出 版 社**

北京民族学院南路 9 号　　　　　　邮编：100081
发行部：68423031　68467991　　传真：68467991
总编室：68462709　68423029
证券图书事业部：68426052
http：//seismologicalpress. com
E-mail：zqbj68426052@163. com

经销：全国各地新华书店
印刷：北京盛彩捷印刷有限公司

版（印）次：2021 年 7 月第二版　2021 年 7 月第二次印刷
开本：787 × 1092　1/16
字数：332 千字
印张：16
书号：ISBN 978 – 7 – 5028 – 5209 – 2
定价：50. 00 元

前　言

　　股市实战操作其实只涉及两个问题：一个是买，另一个是卖。若解决了这两个问题，就是真正意义上的股市赢家。而要解决买卖操作的问题就要先弄明白何为底部、何为顶部；只要买在底部、卖在顶部，股市中就没难题了。

　　同《赢家之道：涨停板战法和分时战法》一样，《股市经典底部形态》和《股市经典顶部形态》是笔者发表在财经期刊《中证内参》上的连载文章，后被百度文库等知名媒体转载，累计下载阅读量已超过千万次。这些被转载多次后才到读者手里的文章有的已经谬误百出，为此笔者对原来的文章进行了修订，并大幅增加了新的实战性内容，使其具有了较强的参考价值，在实战中的操作性也较之前有所加强。如果说《赢家之道：涨停板战法和分时战法》强调的是短线技术，那么《赢家之道2：底与顶》则强调的是波段操作技术，属于宏观技术范畴。希望读者朋友能把这两本书的知识融会贯通起来，这样在股市生存将不再是问题。

　　对底部与顶部的理解和识别程度是直接决定操盘成败的关键。在这本书里，笔者把K线形态、技术结构、生长动力、分时量能等作为底和顶的成因和辨别的关键。

　　笔者也非股神，写这本书的目的只是力求大概率解决实战中碰到的问题，想让其语言更简洁些、内容更逼近实战，想让本书和截拳道一样，可以更适用于实战，希望朋友们也能给笔者提出宝贵意见。

　　未来几年，A股可能更多的还是结构性行情，这种底部震荡走势可能是一些人的天堂，也可能是另外一些人的地狱，对此我们要努力学习，知"底"知"顶"才能无往不胜。真心希望本书能给朋友们带来帮助。

　　这是一本用心写的书，希望读者读过之后能给予宝贵的建议。

目　　录

第一章

大 道 至 简

在金融市场，所有的操作都是买卖操作，买卖操作唯一需要弄明白的就是低点和高点的问题，落实到实盘中就是要直面底与顶的问题，这就是股市的至理。

第一节　缘起

　　《经典底部形态》和《经典顶部形态》都是笔者 2009 年开始发表在证券杂志《中证内参》上的连载文章，当初只是受沈鹏主编的邀请为读者做些公益服务，但没想到后来这些文章的火爆程度远超预期，两部战法的连载文章先后被百度文库、新浪网、豆丁网等网站转载，累计下载量超过千万次；更有甚者，一些不法之徒将这些文章在淘宝网、拍拍网、易趣网等网站上进行销售。笔者对这些侵权行为忍无可忍，但又无可奈何，唯一给笔者生活带来的变化是"沧桑战神"似乎成了网络名人，百度一下，就能看到很多关于"沧桑战神"的报道。出版本书也是想借此来打击盗版侵权行为，在自己维权时能有更强有力的法律证据。

　　由于目前流传的那些文章从最初的《中证内参》到各大网站这个过程中几经倒手，最后到读者手中的文章有的已经出现了极为严重的错误；另外就是这些文章离现在已经好几年了，这几年的实战让笔者对底与顶有了更深刻的认识。这次成书在内容上增添了约 60% 的内容，对原来的内容也做了大幅修改，案例基本全部换成了新的实盘操作过的个股，语言更简洁，分析更着眼于实战心态的拿捏，而且有更强的技术纵深，与原来的文章相比，希望全新的内容能让读者朋友在阅读时有陈年古酿之感。

　　长年超负荷的工作让笔者身心俱疲，身退之后赋闲在家也想为自己做一个总结，写一本书。认真地写一本书，认真地写一本好书，这也是给自己和一直以来支持自己的读者一个交代。

第二节　至理

读者朋友可能看过很多有关股票投资的书籍，也参加过多次股票投资技能的培训，曾学习过很多战法，真正到了实盘操作时候却发现面对这变化万千的股市，这些看起来面面俱到的知识对你在实战时很难有大的帮助，甚至越学越迷惑，直至有"走火入魔"之感。所以，读者朋友应明白，不要把简单的问题搞得太复杂，在金融市场所有的操作都是买卖操作，买卖操作唯一需要搞懂的就是低点和高点的问题，落实到实盘中就是要直面底与顶的问题，这就是股市的至理，不解决这个事情，其他说再多都是无用的。

从心理认知的角度考虑，本书写作上遵从从易到难、逐步深入的原则。底与顶两部分知识都是先从最简单的 K 线形态谈起，对一些常用的经典底、顶的 K 线形态做了论述，这也是实战中必备的基础知识；在此基础上撰写了介绍底、顶结构形态方面的内容，与简单的 K 线形态相比，它们更能让读者朋友在实战把握上具有一定的大局观。这两部分内容不是对经典的重复，而是对简单东西的深入解读，并从分时、量能、结构、实盘心理上对底与顶做了全方位的深入论述。

有了上述基础的铺垫，紧跟其后的是底部和顶部的分时结构，它们可以让你把握操作的最精微方面。书中的这些内容比较新但不是特别难，是为了朋友们对照自己的交易软件多读几遍就有感觉。这部分知识是从细微方面来窥探大资金运作细节的关键点，以便第一时间为自己的操作提供决策依据。我们平时要养成多复盘的好习惯，这样才能形成敏锐的实战盘感。

趋势结构及力学分析是全书的核心，也是本书最重要的内容，由于涉及哲学认知方面的知识，所以这部分内容难免有些艰涩，但请读者朋友耐心地多读几遍，它们是最实用的。如果将本书前面三部分内容比作是全身的骨和肉，那这部分就是打通全身脉络的血与气，是我们成为高手的必经之路。特别是其中的底背离共振技术和顶背离共振技术，笔者已在实战中运用多年，成功率很高。所以，再次强调一下，这部分内容请大家耐心多

读几遍,在实战中应用的效果很好。

最后一章是心态控制方面的内容。"心态决定成败",平时要加强自我修养,心态也是最核心的技术,心态不好时什么技术都不好使。

这就是整本书的逻辑架构。这里再次建议朋友们多读几遍,然后去实盘小仓位练练手,等有了感觉、熟练之后再加大仓位操作。千秋霸业,百战成功,希望本书能带你通向财富自由之路。

第二章

底部 K 线形态

　　本章将介绍九种常见的经典底部 K 线形态，并深入探究这些 K 线形态的特征、K 线之间的相互关系、K 线分时结构及其量能特征。这些底部 K 线形态是我们判断底部成立与否的重要参考，熟练掌握这部分内容是我们实盘精准抄底的关键。

第一节　启明星

【名词解释】启明星

如图2-1所示，启明星形态由三根K线组成。从其K线形态上看，符合我们东方思维中的阴阳互换、乾坤逆转的认知方式，左侧是一根阴线，中间是一根星线（星线指实体很小的小阴线、小阳线、十字星），右侧是和左侧实体相当的阳线，左侧的阴线代表空方杀跌继续占据优势，中间的星线代表多空双方势均力敌，右侧的阳线意味着多方取得了主动权。从上述K线形态的演变来看，这实际是由空到多的渐变过程，

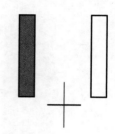

图2-1　启明星形态

右侧的这根阳线由于基本吞噬了左侧的阴线实体，会对左侧阴线中杀跌出局的朋友造成极大的心理打击，踏空后的失望将使出局者的心理极度不平衡；在右侧阳线出来后，杀跌者很容易变成追涨者，这样市场就容易变成一致看涨做多的格局，趋势也就此逆转。

【实战精要】

不是所有的启明星形态都会构成股价走势的底部，这里读者朋友心里要有个数，当启明星形态出现时，如果满足以下三个条件，那此形态底部成立的面要大很多，否则就有可能是下跌中继。

（1）右侧的阳线至少要越过最近的下降趋势线，如图2-2所示。

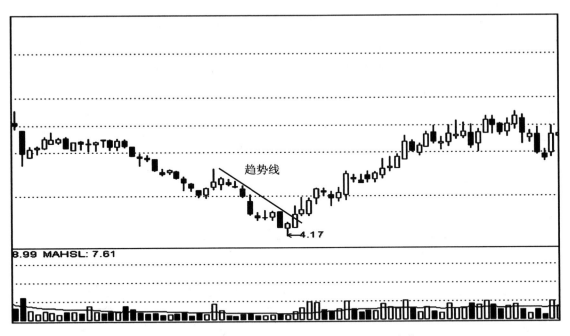

图 2-2　中青宝（300052）2012 年 11—12 月走势

（2）右侧阳线的量能一般至少能和左侧阴线量持平，能略高一些最好，如图 2-3 所示。

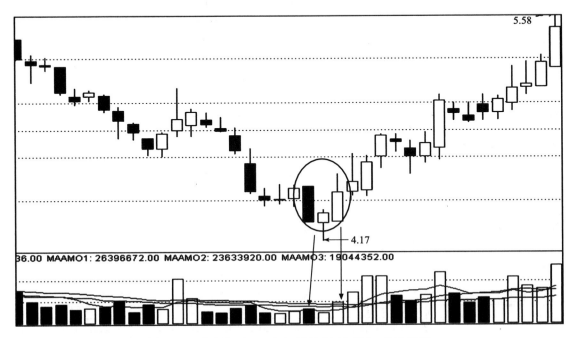

图 2-3　中青宝（300052）2012 年 12 月 3—5 日 K 线

（3）左侧大阴线分时出现主力低位接盘，通常可见分时量能买涨柱和杀跌卖柱势均力敌，而右侧大阳线分时会出现较强的攻击性，走势呈现出上涨量能持续放大的情形，如图2-4和图2-5所示。

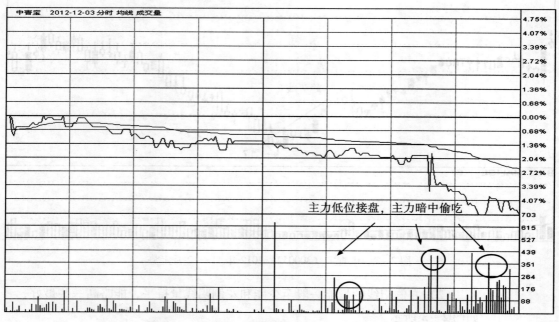

图2-4　中青宝（300052）2012年12月3日分时

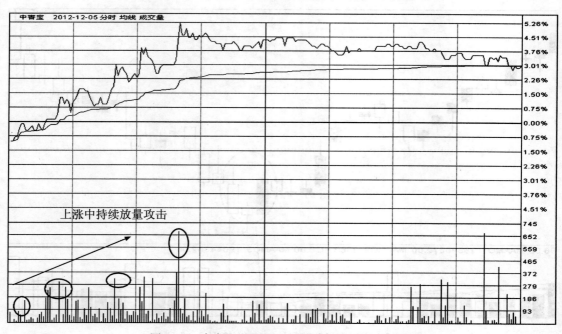

图2-5　中青宝（300052）2012年12月5日分时

【实战案例】

1. 网宿科技（300017）。

如图2-6所示，2013年7月初，网宿科技的股价在经过一个经典的启明星底部形态后完成了阶段洗盘，短线漂亮地实现了趋势逆转，随后股价涨幅接近翻倍。图中显示得很清晰，越过短期下降趋势线，右侧阳线成交量能和左侧阴线成交量持平；而在图2-7中，大跌时主力早已经张开口袋将筹码纳入囊中；图2-8显示主力分时放量攻击行为，午后直接涨停，这也明示左侧的大阴线下跌是个"大阴谋"。

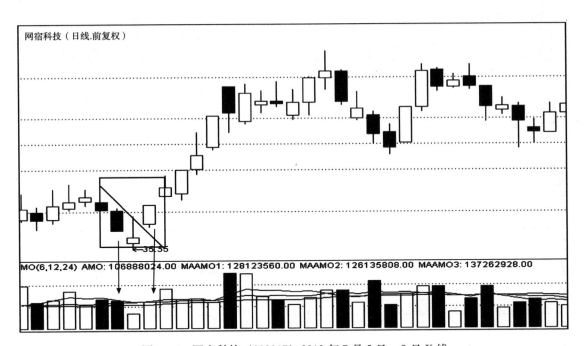

图2-6 网宿科技（300017）2013年7月5日—9日K线

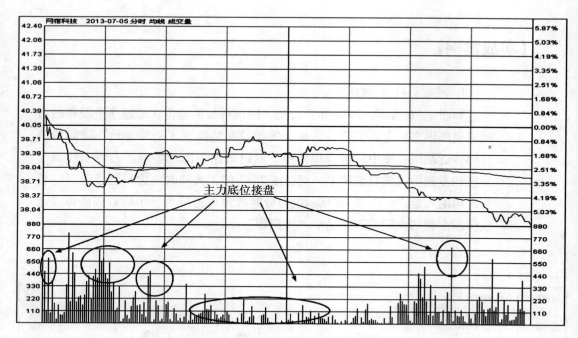

图 2−7　网宿科技（300017）2013 年 7 月 5 日分时

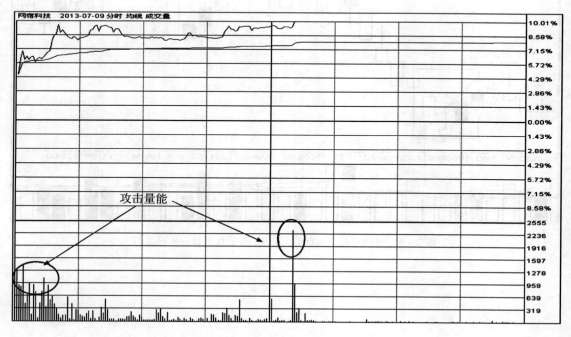

图 2−8　网宿科技（300017）2013 年 7 月 9 日分时

2. 中原环保（000545）。

如图2-9所示，该股在2013年7月8—10日这三日组成了典型的启明星底部反转形态，它和网宿科技一样，当时的科技板块和环保涨得一塌糊涂，此时该板块的个股出现底部形态可以轻仓一试，锅烧热了菜不可能不熟的，板块好了个股走弱也很难。具体的实战三要点分析大家自己来，这里只提示一下启明星形态出现时还要考究它是不是当下热点，若是的话，成功的面会更大些。

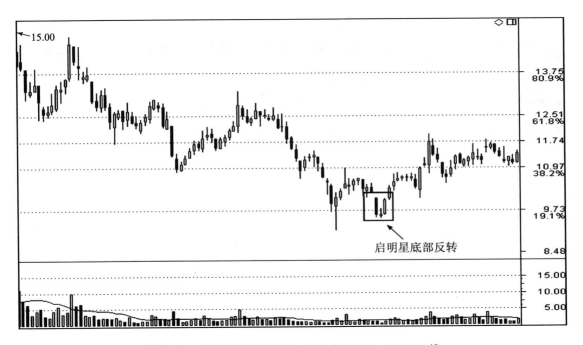

启明星底部反转

图2-9　中原环保（000545）2013年7月8—10日K线

3. 鹏博士（600804）。

鹏博士是2013年的超级强势股，股价在背驰段以典型的启明星形态完成了反转。如图2-10所示，从图形上大家能清楚地看到，此启明星形态发生在股价背驰段，随后成交量温和放大，昭示主力进场，至于后来股价涨那么多也是没能想到的，主要还是热点的力量吧！该股是大数据概念和宽带中国概念的龙头。

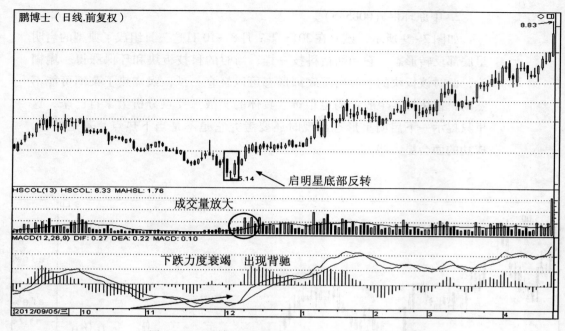

鹏博士（日线.前复权）
8.83

启明星底部反转

HSCOL(13) HSCOL: 6.33 MAHSL: 1.76

成交量放大

MACD(12,26,9) DIF: 0.27 DEA: 0.22 MACD: 0.10

下跌力度衰竭　出现背驰

2012/09/05(三)　10　11　12　1　2　3　4

图 2-10　鹏博士（600804）2012 年 12 月初日 K 线

第二节　看涨吞没

【名词解释】看涨吞没

如图 2-11 所示，看涨吞没形态由两根 K 线组成。我们看到，在技术形态上看涨吞没形态要求右侧的阳线实体完全盖住左侧的阴线实体，在经过大幅杀跌后，无助的投资者于左侧的阴线中出局，但右侧的阳线实体突然吞噬了左侧的阴线实体，此时在前日阴线中被洗出局的投资者的懊悔痛惜之情恐怕很多朋友都深有体会，因此在第二日拉长阳线后都急于回补手上的头寸。这样，阳线抄底者、杀跌出局者

图 2-11　看涨吞没形态

在短期内就达成了看涨做多的默契，于是趋势被逆转，上升趋势从此展开，底部也就此确认。

看涨吞没形态这种反转形态在强度上不逊于启明星形态，临盘时要高度重视。

【实战精要】

（1）越过最近的短期下降趋势线，这跟前面的启明星形态要求是一致的，不再重复。

（2）右侧阳线成交量和左侧阴线成交量至少要大体持平，能略高些最好。

（3）一般来说，左侧阴线杀跌多发在尾盘，多数是震仓性质，具有诱空嫌疑；而右侧大阳线拉升只有发生在盘中才是主力真金白银的买入攻击，

发生在尾盘则是诱多,此时看涨吞没形态不成立。

【实战案例】

1. 华谊兄弟（300027）。

图 2－12 是典型的上涨中继性看涨吞没底部形态,完全符合实战精要前两点,我们主要看该股在图中方框处两日的分时,这是寻觅主力运作的关键。从左侧的阴线分时看,股价虽下跌,但分时中上攻的白色量能之和大于分时下跌时的黑色量能之和,这是明着吃货了,见图2－13。而右侧阳线非常清楚,上涨中成交逐步放量,这就是主力拿出真金白银买进造成的,这也验证了左侧阴线下跌是主力虚晃一枪,见图2－14。

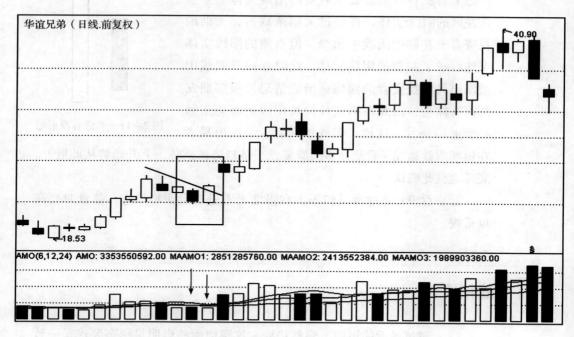

图 2－12　华谊兄弟（300027）,2013 年 8 月 30 日—9 月 2 日

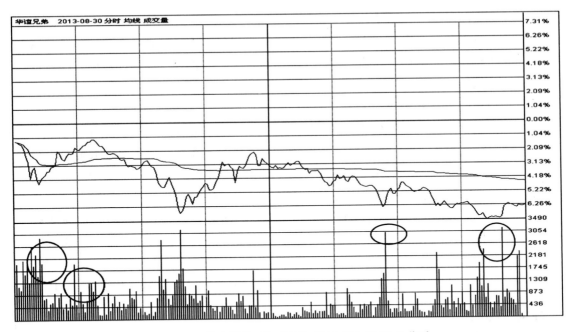

图 2－13　华谊兄弟（300027）2013 年 8 月 30 日分时

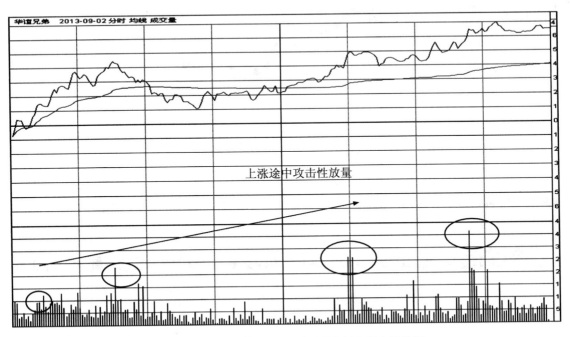

图 2－14　华谊兄弟（300027）2013 年 9 月 2 日分时

另外，大家可以在自己通达信交易软件上方"工具"选项里的"系统设置"命令中的"设置四"选项里选中"分时成交量显示颜色区分"单选框，就能看到分时呈现出红绿两种颜色了。设置后，分时走势向上时量能是红色，向下时是绿色。

2. 雅化集团（002497）。

我们一起来看个反例，如图2–15所示，为什么这个看涨吞没形态不行，若从图形看基本符合实战精要里前面两个要点，关键是该股分时上出现了问题。先看左侧阴线，从分时图2–16中，左侧阴线下跌中应该是没问题，有主力暗中进货。那问题出在哪里？我们继续看右侧阳线，该股最后1分钟集合金价中最后一笔大单将股价秒杀至涨停。仅仅用了1000手就将股价拉至涨停，这根本就无心做盘向上发动新一轮攻击。那为什么会这样？可能的原因是主力想拔高股价，好让自己的筹码派发在一个相对高位，这种尾盘拉升的多半是陷阱，此时的看涨吞没形态就不成立，见图2–17。

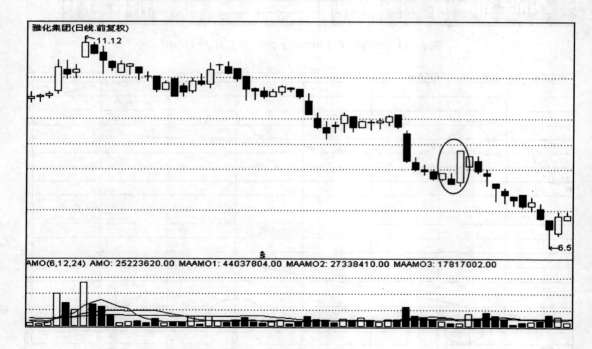

图2–15　雅化集团（002497），2012年11月15日—16日

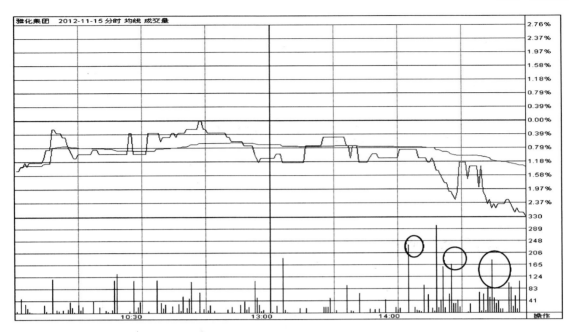

图 2 - 16　雅化集团（002497）2012 年 11 月 15 日分时

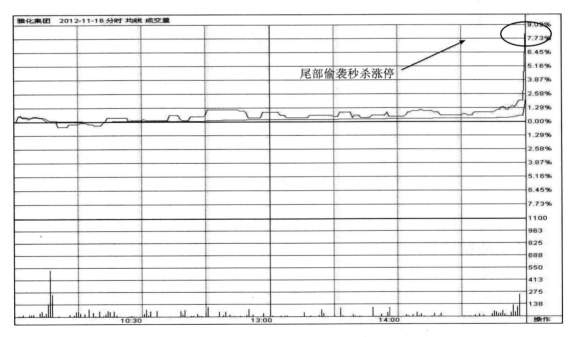

尾部偷袭秒杀涨停

图 2 - 17　雅化集团（002497）2012 年 11 月 16 日分时

第三节　刺透

【名词解释】刺透

刺透，又称斩回线、旭日烘底等。

如图 2-18 所示，刺透形态由一阴一阳两根 K 线组成，其中右侧阳线实体深深侵入左侧的阴线实体。和很多技术分析师聊天儿时，得知他们对此看法有分歧，但这里笔者需要强调一点，根据多年的实战经验，如果阳线实体侵入阴线实体不到 1/2 时，往往会成为下跌中继形态，因此对刺透形态我们严格规定：右侧的阳线实体必须侵入阴线实体的 1/2 以上，否则不能称为刺透形态。

图 2-18　刺透形态

从此形态含义分析，大家可以类比于看涨吞没形态，在长期下跌之后出现此形态时，首先必引起前日阴线出局者的恐慌，短时间内多空达成看涨做多的一致倾向，于是走势被逆转。

【实战精要】

（1）与看涨吞没形态对相比，由于刺透形态侵入阳线实体的力度比看涨吞没形态力度弱，所以在底部反转力度上也不如看涨吞形态强。另外，刺透形态仅作实盘操作时参考，若操作必须等随后股价上穿越过短期下降趋势线后再买入。

（2）右侧阳线成交量至少要和左侧阴线成交量持平，稍大于最好。

（3）左侧阴线分时走势呈现出分时吸筹状态，右侧阳线分时盘中呈现出放量攻击态势。同启明星形态和看涨吞没形态。

【实战案例】

1. 汤臣倍健（300146），如图 2 – 19 所示。

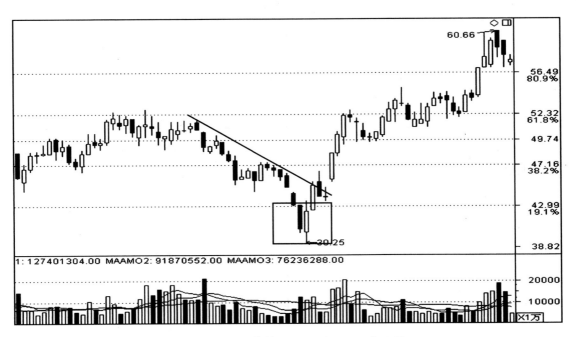

图 2 – 19　汤臣倍健（300146），2013 年 6 月

（1）大幅下挫后出现底部刺透形态，阳线侵入阴线实体 3/4 以上，力度极强。

（2）刺透形态阳线量能极好，属于底部大量。

（3）左侧阴线分时走势出现明显吸筹行为，右侧阳线实体分时出现放量攻击态势，见图 2 – 20 和图 2 – 21。

总之，技术分析不是那么简单的，不是读一读波浪理论、学一学江恩理论，再弄几个技术指标就战无不胜了。若想能在第一时间对股价走势进行精准打击，就必须对分时的量能结构和具体的微细的盘口细节具备相当的认知和解读能力，所以建议大家平时养成良好的复盘习惯，功夫到了持续盈利是早晚的事情。下面的案例，大家可以结合上面的讲述并对照着自己的软件来分析一下。

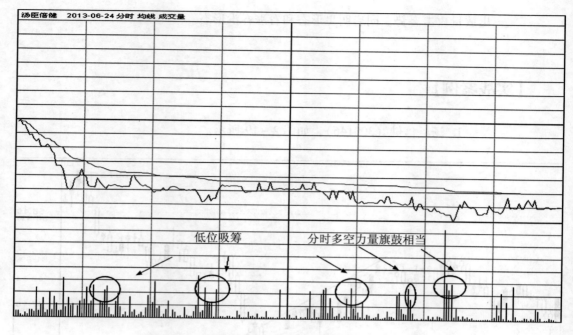

图 2-20 汤臣倍健(300146)2013 年 6 月 24 日分时

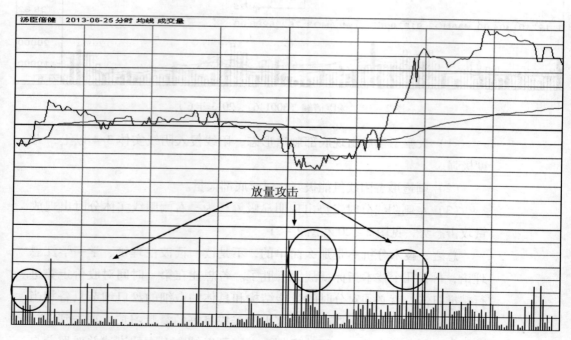

图 2-21 汤臣倍健(300146)2013 年 6 月 25 日分时

2. 鼎汉技术（300011）（图 2 - 22 ~ 图 2 - 24）。

图 2 - 22　鼎汉技术（300011）2013 年 6 月 13—14 日 K 线

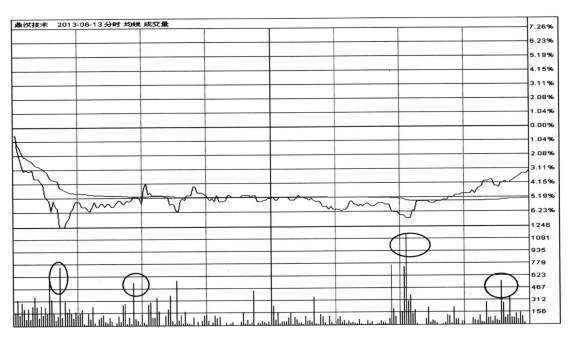

图 2 - 23　鼎汉技术（300011）2013 年 6 月 13 日分时

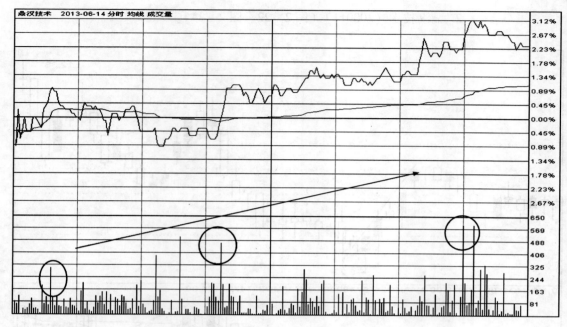

图 2－24　鼎汉技术（300011）2013 年 6 月 14 日分时

第四节　金针探底

【名词解释】金针探底

　　如图 2 - 25 所示，如果带有长下影线的星线（小阴、小阳、十字星）出现在底部形态中就称为金针探底。如果股票在经过长时间下跌后，出现金针探底形态就意味着空方力量的衰竭，此时的长下影线表示股价在下跌中遇到了强烈支撑，或者说长下影线代表着多方已经亮剑，反攻号角即将吹响。

图 2 - 25　金针探底形态

【实战精要】

　　（1）就单根 K 线而言，金针探底反转形态的反转力度较弱，不能一见到长下影线就认为是金针探底，需结合技术手段综合研判。

　　（2）相对于前面的下跌，金针探底当日要有一定的量能力度，量能要比前面的 K 线成交量有所放大。

　　（3）金针探底当日分时走势多方呈现出一定的攻击性，这种攻击性一般要求持续在两小时左右。尾盘拉升形成的金针探底力度存疑。

　　（4）当金针探底满足以上条件时可纳入参考范围，当股价随后越过短

期下降趋势线时可依据系统环境适量参与。

【实战案例】

1. 迪康药业（600466）。

如图 2－26 所示，迪康药业在 2009 年 7—11 月日 K 线出现了两次金针探底形态，金针探底形态当日的成交量也略有放大，随后伴随着下降趋势线的突破，股价都出现了反弹行情。细微考究起来，此股的操盘手或许习惯以金针探底作为调整结束的信号。在该股多次探底走势中多以金针探底为结束信号，习惯是最坚强的力量，想改很难，散户如此，操盘手也如此。

我们仔细考究一下图 2－26 中该股第一次金针探底时的分时走势，即 2009 年 8 月 18 日分时，从图 2－27 中可很清楚地看到当日多方狙击力道有多强，多方全天基本都处于吸筹状态，尽管当日收阴线，但这根阴线含金量十足。

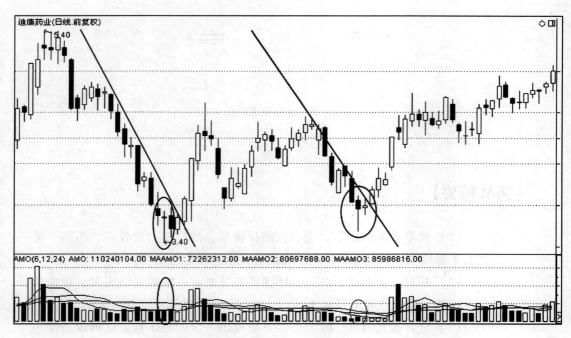

图 2－26 迪康药业（600466）2009 年 7—11 月日 K 线

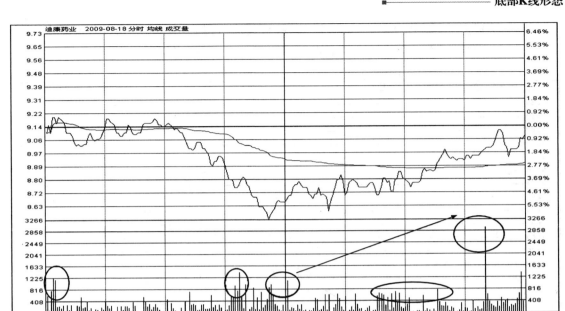

图 2 - 27   迪康药业（600466）2009 年 8 月 18 日分时

2. 特锐德（300001）。

如图 2 - 28 所示，特锐德在 2010 年 2 月 1 日出现了底部大量，说明该股已离真正的底为时不远，2 月 3 日出现了金针探底形态，由此可判断底部

图 2 - 28   特锐德（300001）2010 年 2 月日 K 线

成立的概率很大，后市突破下降趋势线后可以临盘狙击。当日分时情况可以参见图 2 – 29，多方力道很强，全天基本为多方掌控。

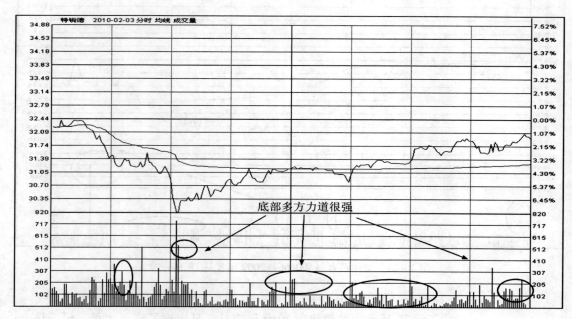

图 2 – 29　特锐德（300001）2010 年 2 月 3 日分时

3. 机器人（300024）。

如图 2 – 30 所示，在 2010 年 2 月 1 日出现底部大量就告诉我们底部即将出现，在 2 月 3 日出现金针探底形态宣告底部探明，2 月 12 日大阳线砸出了趋势买点和均线最佳买点，当日临盘即可试探性参与（该节内容已于 2010 年 3 月发表于《中证内参》）。该股当日分时见图 2 – 31，早盘下砸后全天都是多方承接盘。

金针探底形态当天的分时走势多半会出现底部巨量承接盘，这意味着抄底盘已经进场扫货，且下砸多发生在早盘，时间短而急促，这就意味着这种下砸具有诱空性质，并为多头当日的吸筹留下了足够的时间和空间，即能够在更低的价格吸筹，且当天有更长的时间来吸筹。这些读者朋友平时似乎很少关心，其实无论吸筹建仓还是派发出货都是时间和空间二维的统一。

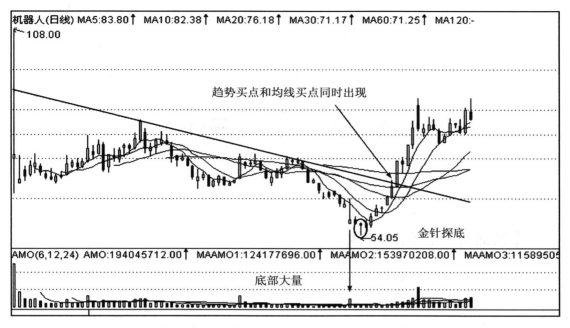

图 2 - 30 机器人（300024）2010 年 2 月日 K 线

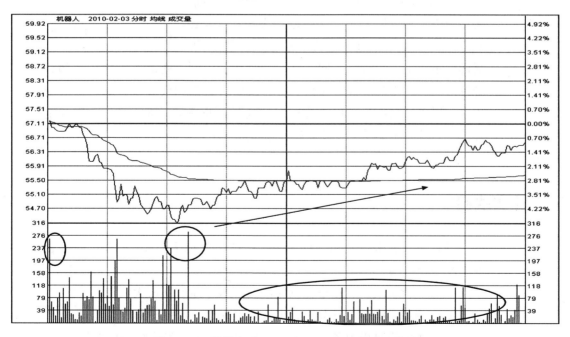

图 2 - 31 机器人（300024）2010 年 2 月 3 日分时

第五节　倒锤子线

【名词解释】倒锤子线

　　如图2-32所示，倒锤子线是具有长上影线的星线。在形态上，它和顶部形态中的流星线相同，都是顶部出现的信号；另一个功能却是底部成立的信号，两者性质上明显不同。很多朋友不理解，其实道理很简单，"形"同效用不同，原因在于所处的"势"不同。就像同样一个馒头对于饥肠辘辘的人来说就是山珍海味，而对于已经吃饱的人来说是很普通的，

图2-32　倒锤子线形态

同样的东西出现的时机不同，其效用自然就不同。此形态出现在顶部意味着攻击受阻，因此很容易成为头部；出现在底部则代表多方试探性的向上攻击，属于试盘行为，目的就是来测试筹码的锁定程度，一旦筹码锁定良好，主力就有可能向上发动一轮行情，底部也就此确立。

【实战精要】

　　（1）就单根K线而言，倒锤子线反转形态的反转力度较弱，需结合技术手段综合研判。

　　（2）倒锤子线成交量要比见底前K线成交量有所放大。

　　（3）倒锤子线在当日分时，多方要呈现出一定的攻击力道。

　　（4）即便满足以上条件，也要等越过短期下降趋势线后再参与。

【实战案例】

1. 乐普医疗（300003）。

如图2-33所示，乐普医疗在2010年1月28日出现了金针探底的特殊形式锤子线，随后第三天（即2月1日）出现我们所讲的倒锤子线，而且伴有底部放大量出现。"金针探底＋倒锤子线"组合是笔者研究中的必涨组合，由于底部大量的出现，所以底部成立的概念就大了很多，后期越过阻挡线就会出现趋势买点。但图中30日生命线拐头现在仍然向下，60日决策线压制股价很明显，稳健的投资者实战时仍然需要耐心等待。至于当日该股分时图，读者朋友可以结合前面几节所讲来自己分析。在此还是希望读者朋友多些耐心，静下心来对照自己的软件走势图，把笔者书中讲述的这些内容吃透，其他知识便都会融会贯通。要知道，心浮气躁是投资之大忌。

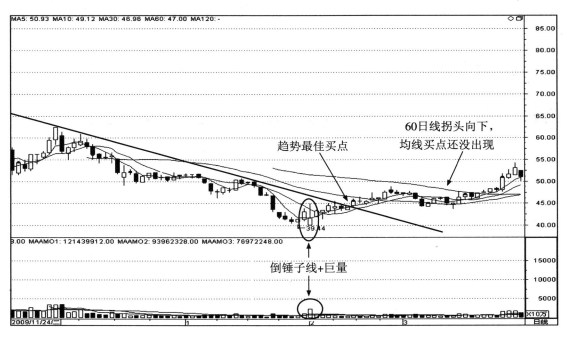

图2-33 乐普医疗（300003）2010年1月—2月日K线

2. 华测检测（300012）。

如图 2-34 所示，华测检测在 2010 年 2 月 1 日出现了倒锤子线底部形态，而且伴有底部巨额成交量，更让人振奋的是此倒锤子线一举突破阻挡线砸出了趋势最佳买点，随后几天又出现了均线最佳买点，股票缓步攀升。当日分时见图 2-35，多方全天都处于吸筹状态，上涨时段明显比下跌时段要长很多。

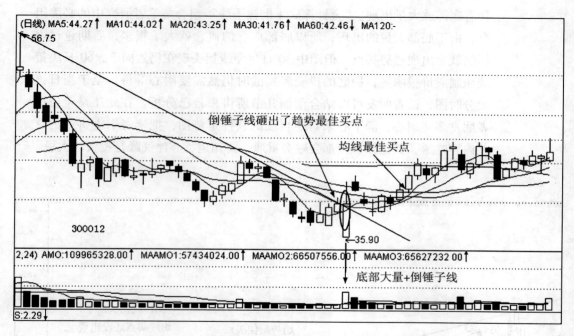

（日线）MA5:44.27↑ MA10:44.02↑ MA20:43.25↑ MA30:41.76↑ MA60:42.46↓ MA120:-

56.75

倒锤子线砸出了趋势最佳买点

均线最佳买点

300012

35.90

2,24) AMO:109965328.00↑ MAAMO1:57434024.00↑ MAAMO2:66507556.00↑ MAAMO3:65627232.00↑

底部大量+倒锤子线

S:2.29↓

图 2-34　华测检测（300012）2010 年 1—3 月日 K 线

3. 华谊兄弟（300027）。

如图 2-36 所示，该股在 2010 年 2 月 1 日是倒锤子线，且伴有底部大量，2 月 2 日是金针探底形态，这是必涨组合，大家可以结合上面的分析自己来做些实战推敲。

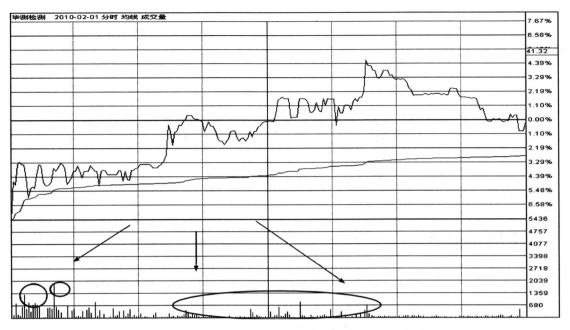

图 2 - 35　华测检测（300012）2010 年 2 月 1 日分时

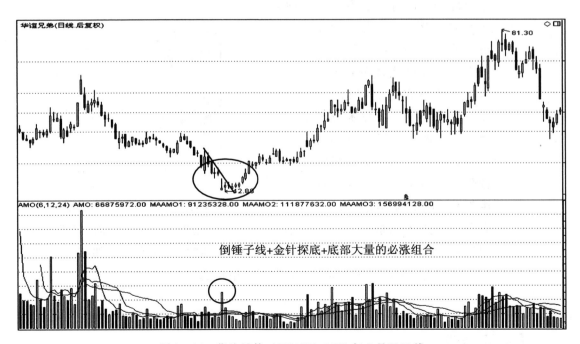

倒锤子线+金针探底+底部大量的必涨组合

图 2 - 36　华谊兄弟（300027）2010 年 2 月日 K 线

第六节　牛市孕育

【名词解释】牛市孕育

如图2-37所示，牛市孕育形态是一根中阴线或是大阴线后出现一根小阴线。在牛市孕育形态中，右侧的小阳K线吞噬了左侧阴线实体的中腹部分，这对做空力量是一种毁灭性的瓦解，依笔者看就像在空方体内放置了一枚定时炸弹，只要第三天股价K线实体重心上移、量能放大，就很容易引起趋势的逆转，从而底部成立。在技术形态上，这里要求右侧的阳线实体必须全部位于左侧阴线实体内部，而且必须腐蚀阴线实体中部上下的位置，只在

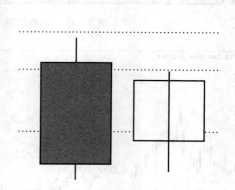

图2-37　牛市孕育形态

中部1/2以下的不能算作牛市孕育形态。这里还需要解释一下，很多K线专家（包括日本的技术分析师）认为，只要小阳线位于阴线实体内部即可。但凭笔者多年的实战经验发现，如果阳线不能腐蚀阴线实体腹部区域，其反转的力度就很小，很多时候会是下跌中继形态。

【实战精要】

（1）牛市孕育形态反转力度较看涨吞没形态、启明星、红三兵等K线组合形态反转力度稍弱，需要结合其他技术手段来综合研判。

（2）牛市孕育形态对成交量要求不严格，只要右侧阳线成交量不特别小即可。

（3）左侧阴线分时走势通常会出现多头低位吸筹现象，右侧阳线分时在左侧阴线中腹部价位站立时间较长，而且右侧阳线分时不能出现尾盘拉升。

（4）满足上述条件时，仍然要等股价越过短期下降趋势线后再参与。

【实战案例】

1. 东力传动（002164）。

如图 2 - 38 所示，2009 年 9 月—2010 年 4 月该股波段底部共出现 A、B、C、D 四处牛市孕育形态（其中 A 处侵入阳线实体刚过 1/2，力度有些弱），A、C、D 三处的生命线拐头向下，临盘狙击时要小心，仓位不宜过重；若只有 B 处 30 日生命线向上，60 日决断线拐头走平向上，则临盘可以重仓狙击。同时，这只股的操盘手很有意思，当时可能连他自己也没有意识到操盘时竟然做了多次底部牛市孕育形态，这样的惯性思维和操盘方式很容易被其他机构或散户高手狙击。习惯很难改变，操盘手如此，散户也如此。

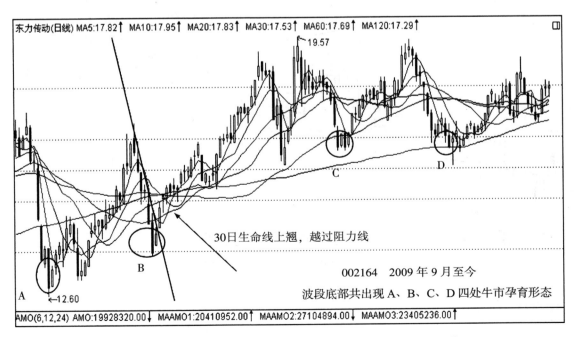

图 2 - 38　东力传动（002164）2009 年 9 月—2010 年 4 月日 K 线

【实战案例】

2. 亚星客车（600213）。

如图2－39所示，该股的操盘手在2010年1月27日股价跌破决策线时做了一次技术性诱空，但此时巧合的是股价下打支撑线，且出现了牛市孕育形态，这时临盘狙击就很有把握。此后股价强势反弹，越过三角线整理上轨（即A处）时构成临盘趋势第一买点，回踩确认上轨（即B处）时构成趋势第二买点。我们再来研究一下该股这两日的分时，其中1月27日虽然是大阴线，但从盘口来看，资金承接有利，早盘短时间下砸后全天都处于主力吸筹状态；1月28日是个明显的向上试盘动作，从盘中来看，下跌时抛压较轻，盘口给出了后市向上的攻击信号，见图2－40和图2－41。

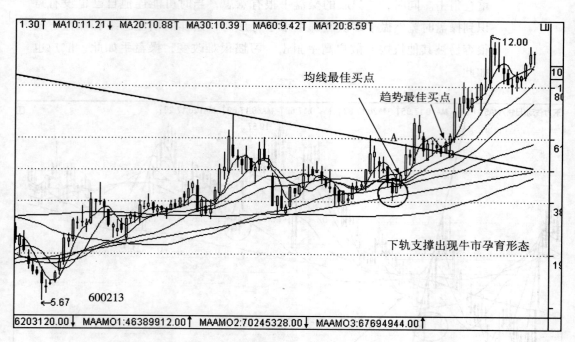

图2－39　亚星客车（600213）2009年9月—2010年4月日K线

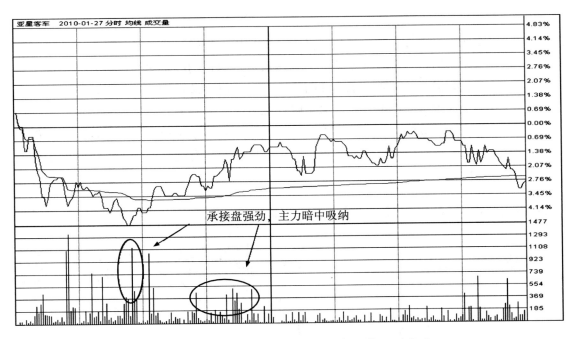

图 2-40　亚星客车（600213）2010 年 1 月 27 日分时

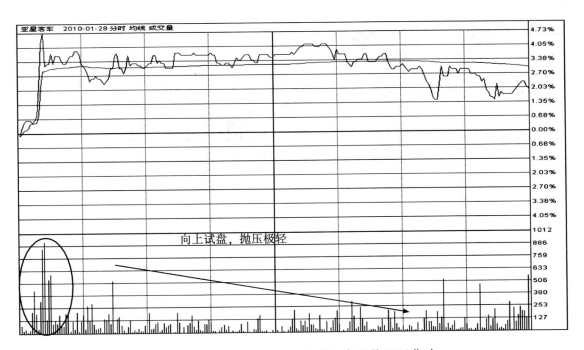

图 2-41　亚星客车（600213）2010 年 1 月 28 日分时

3. 大杨创世（600233）。

如图2-42所示，2009年8月20日，该股K线出现了牛市孕育形态，事实上主力故意跌破趋势线做了一次挖坑，但很不巧，无意间做了一次牛市孕育形态。2009年9月9日，该股股价越过均线密集缠绕出现了均线买点，随后股价在两个月内翻了近三倍。其业绩好、形态好，基础面重质，技术面选事，这也是笔者多年坚持选股的一个标准，后来由于传出股神巴菲特想要参股的消息，结果被游资狠狠地利用了一把，股价短期内涨得很厉害。至于这两日的分时盘口，建议读者朋友自己复盘一下，跟案例2异曲同工。

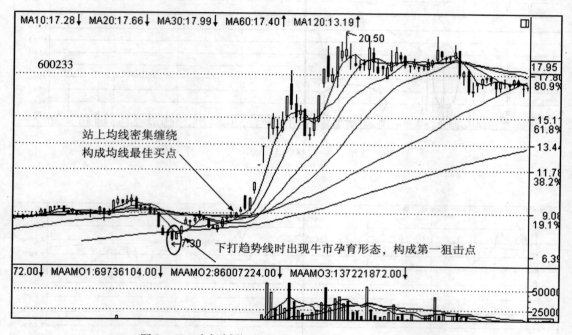

图2-42　大杨创世（600233）2009年8—12月日K线

第七节　夺命长阳

【名词解释】夺命长阳

　　夺命长阳，又称绝地长阳，有的日本分析师称之为看涨反击线。其实怎么称呼它并不重要，重要的是我们需要分析一下此形态的市场内涵。夺命长阳，准确地说是由两根K线组成的，一根阴线后面跟着一根长阳线，在形态要求上这样就够了。图2-43中的多根K线是为了让大家看得更明白一些，在实际判断中，只要出现大阳线后短线即可跟进。这个地方与刺透形态不同，刺透形态要求阳线实体侵入阴线实体1/2以上，这里的夺命长阳则要求侵入阴线实体1/2以下，而且这个长阳线振幅一般要求在5%以上，并要有足够的视觉冲击效果才可称之为夺命长阳。所谓夺命长阳，很好理解，就是要了空头的命。

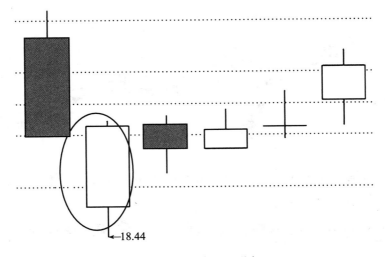

　　18.44

图2-43　夺命长阳形态

【实战精要】

（1）夺命长阳底部反转力度较强，实盘操作时仍要结合其他技术手法一同分析。

（2）夺命长阳 K 线除了必须具备足够的阳线实体之外，还必须有足够的量能力度。

（3）夺命长阳 K 线的分时走势多方要具备一定的攻击力度，其中尾盘拉升的属于诱多性质，力度存疑，这种情况下不符合要求的，要排除。

【实战案例】

1. 工商银行（601398）。

如图 2－44 所示，2008 年 9 月 18 日，工商银行拉出了大阳线，振幅达14%。汇金公司当晚突然宣布增持，随后股价连拉两个涨停，短线涨幅30% 以上。回过头来看 9 月 18 日这个"诡秘"的大阳线，虽是先知先觉和

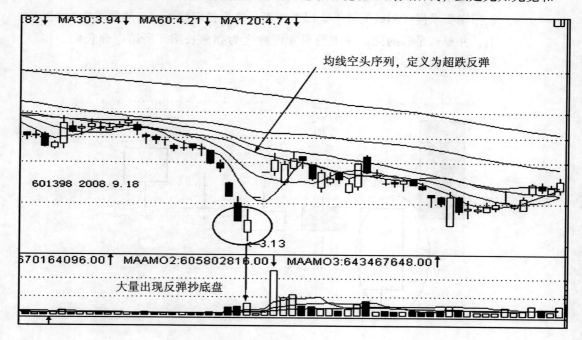

图 2－44　工商银行（601398）2008 年 9 月日 K 线

获知内幕的主力涌进的短线抄底盘，成交量大幅放大，出现夺命长线时短线 80% 以上的概率会继续大涨，但需注意图中 30 日生命线、60 日决策线、120 日趋势线仍然大角度向下发散呈现空头排列，这个底部只是短线底部，反弹早已注定了是昙花一现，大级别的历史底部还没到来。另外，还需注意的就是当日该股的分时图，主力全天候都在抢筹，这也为后续几日大涨埋下了伏笔，见图 2 –45。

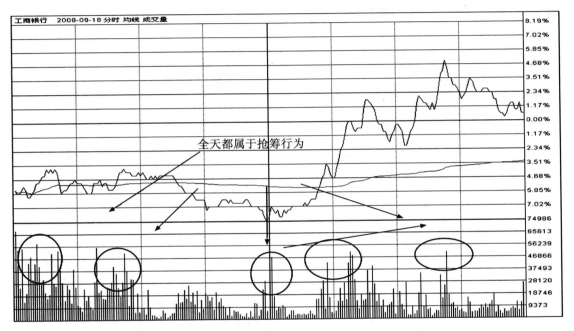

图 2 –45　工商银行（601398）2008 年 9 月 18 日分时

2. AGLO 白银。

需要注意的是，夺命长阳这种形态更频繁地出现在商品期货走势中。图 2 –46是上海期货交易所 2013 年 6 月 28 日 AGLO 白银期货走势图，当天就出现了夺命长阳，因为杠杆交易风险较大，一般还是要等走势越过下降趋势线再做多。

3. 出版传媒（601999）。

如图 2 –47 所示，出版传媒 2009 年 3 月 2 日出现了振幅近 7% 的长阳，而且股价在 60 日决策线获得支撑，量能又出现了地价结构，综合判断短线反弹机会到来，临盘即可进场扫货。当然，当日该股的分时也是个佐证，碍于篇幅就不再赘述，大家可以结合软件自己分析一下。

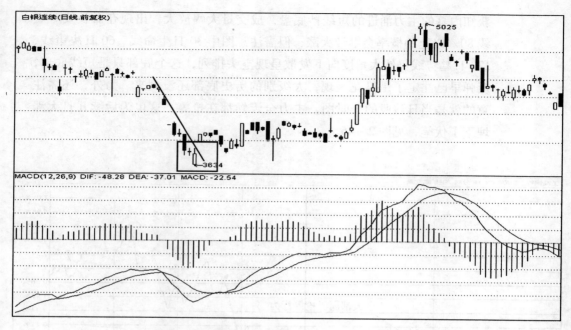

图 2-46 AGLO 白银期货 2013 年 6 月 28 日走势

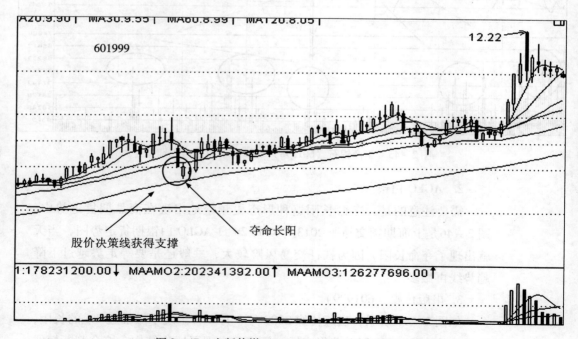

图 2-47 出版传媒（601999）2009 年 3 月日 K 线

第八节　红三兵

【名词解释】红三兵

如图 2-48 所示，红三兵由三根实体部分接近等长的阳线组成。

股票在长期下降趋势后出现红三兵常代表着趋势的逆转。大家都知道，红三兵是最具攻击力的多方炮，因此，红三兵出现在底部时其反转意味极强，而且通常会是最强势的 V 形反转，后市的攻击角度大多在 45°以上，临盘时需要特别注意此底部形态，其力度绝不亚于启明星和看涨吞没形态。

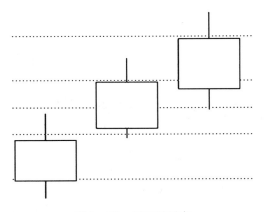

图 2-48　红三兵形态

【实战精要】

（1）红三兵三根阳线的实体大小是递增或大体相当的，但不能是递减的，否则意味着多方攻击力度逐渐衰竭。

（2）红三兵成交量相比前面的下跌 K 线量能要有所放大。

（3）红三兵分时走势多方呈现出一定的攻击性。

【实战案例】

1. 博瑞传播（600880）。

如图 2-49 所示，该股在 2013 年 4 月 16 日、17 日和 18 日出现红三兵底部反转形态，同时股价越过短期下降趋势线，成交量相对放大，实盘操作时可考虑试探性参与。大家需注意，这个地方阳线、实体幅度是递增的，显示多方攻击力度递增，所以此类形态是最强的红三兵；另外就是分时走势，如图 2-50 所示。从该股 4 月 17 日分时走势就能明显看到多方呈现出放量攻击态势，向上成交量堆逐步放大。

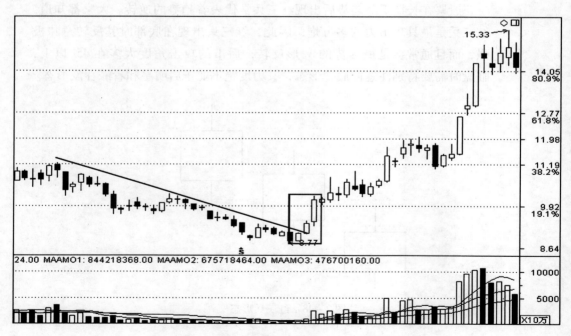

图 2-49 博瑞传播（600880）2013 年 4 月日 K 线

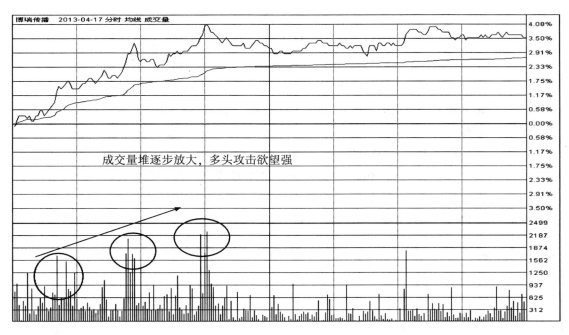

图 2-50 博瑞传播（600880）2013 年 4 月 17 日分时

2. 机器人（300024）。

如图 2-51 所示，该股 2010 年 2 月就是一个经典的底部，先是倒锤子

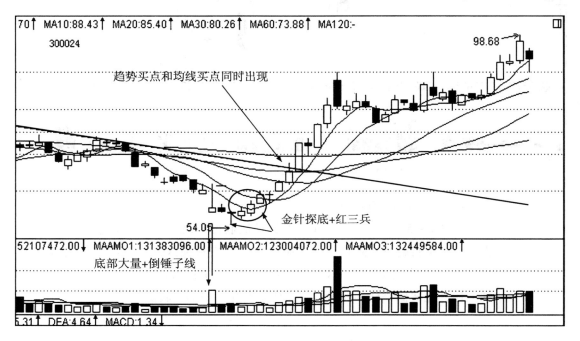

图 2-51 机器人（300024）2010 年 2 月日 K 线

线和底部大量组合，随后出现了金针探底完成了底部确认，最后是一个红
三兵多方炮，量能稳步放大，最终股价完成了漂亮的 V 形反转。底部出现
后，股价在 11 个交易日内涨幅 67%，红三兵威力可见一斑。此处需要注意
的是，该股这个底部是个多个底部形态的复合体，这也为实战参与提高了
成功概率，而且这只股票的均线和趋势最佳买点是同时出现的，实盘中确
实给了大家很多机会。

3. 新和成（002001）。

图 2-52 是新和成 2013 年 7 月的周 K 线图，没什么好说的，只是要强
调一点，红三兵所处的级别越大，后市可操作的空间也就越大，一个周 K
线的红三兵一般能保证大家 8 周左右的安全周期。

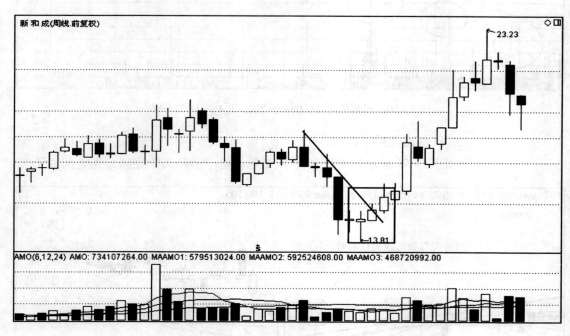

图 2-52　新和成（002001）2013 年 7 月周 K 线

4. 硅宝科技（300019）。

如图 2-53 所示，2010 年 2 月，该股底部出现红三兵后，量能持续放
大，股价上行越过下降趋势线压制和均线密集封锁区，趋势最佳买点和均
线最佳买点同时出现，临盘狙击没商量。从图中看出，股价走势非常凌厉，
和上述其他案例一样，股价最终完成了漂亮的底部反转。

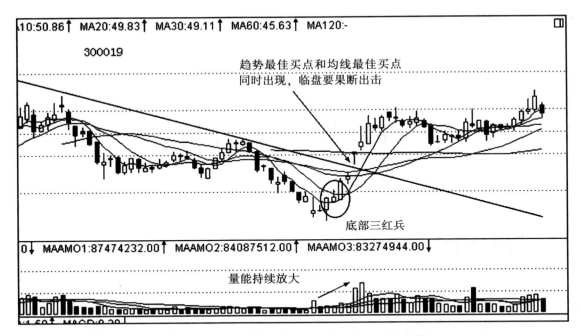

图 2-53 硅宝科技（300019）2010 年 2 月日 K 线

第九节 底部大量

【名词解释】底部大量

如图 2 – 54 所示，为底部大量形态，在此需分析一下底部大量的市场含义。在股票长期下跌趋势后期，成交量一般都是地量结构，突然有一天出现了天量结构，这至少说明超级主力已经开始进场，底部有可能即将出现，实盘中一旦出现底部大量就必须仔细盯盘。当然，底部大量并不意味着底部立马出现，但一般情况下预示底部为时不远，实盘中对这个问题的处理必须要十分冷静、谨慎。

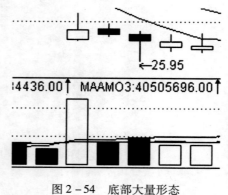

图 2 – 54　底部大量形态

【实战精要】

（1）底部大量只是就底部反转的量能结构而言，实盘时需要结合其他技术要素一起分析。

（2）底部大量出现后，需股价突破下降趋势线，并出现趋势最佳买点时再参与，不要见到底部大量一出现就立马入场，这样猴急很容易犯错误。

【实战案例】

1. 红日药业（300026）。

如图2－55所示，该股2009年10月底上市，随后主力一直在打压吸筹。从图中看出，股价下跌中的地量结构明显，但2010年2月1日成交量突现天量，这说明超级主力已经进场扫货，2月26日（图中箭头所指处）均线最佳买点和趋势最佳买点同时出现，这时底部才得以最终确认，此时投资者可试探性进场扫货。

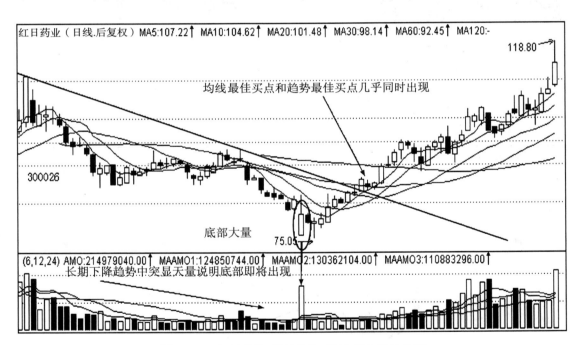

图2－55 红日药业（300026）2010年2月日K线

2. 爱尔眼科（300015）。

如图2－56所示，该股同样是2009年10月底第一批上市的创业板公司，2010年2月1日出现了底部大量形态，随后图中在箭头所指处出现了均线最佳买点和趋势最佳买点，前期底部被有效确认，此时投资者可以试探性介入。

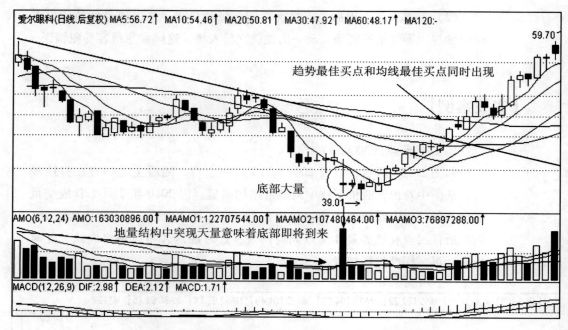

图 2-56　爱尔眼科（300015）2010 年 2 月日 K 线

3. 乐普医疗（300003）。

如图 2-57 所示，该股在 2009 年 10 月上市后股价处于长期整顿期，

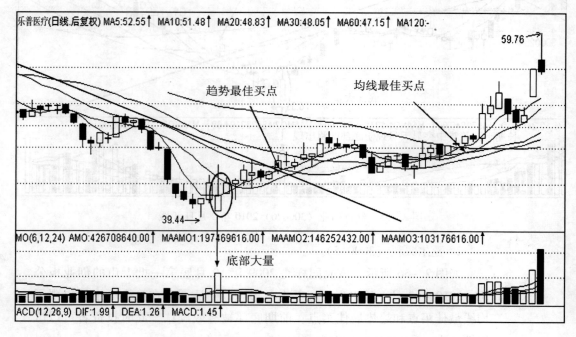

图 2-57　乐普医疗（300003）2010 年 2 月日 K 线

地量结构明显。但2010年2月1日，该股出现了底部放大量的仙人指路K
线形态，两天前还有一个金针探底出现，此时应当引起关注。当然，稳健
的投资者还是等左侧箭头趋势最佳买点和右侧箭头均线最佳买点出现后再
入场比较妥当。

4. 贵州茅台（600519）。

如图2-58所示，该股同样是底部大量，但并不总意味着股价底部来
临，图中显示贵州茅台2013年9月就出现了这么一幕：如果底部大量出现
后股价连最近的下降趋势线都无法向上穿越，那此时抄底且不管成功与否
都是一种冒失行为。所以实盘操作时要注意介入时的各项技术要领，股市
中机会多的是，稳健、谨慎，让自己长期处于一种高胜率状态才是最重
要的。

图2-58　贵州茅台（600519）2013年9月日K线

第三章

底部结构形态

谨必慎于微小，治必之于至大。本章内容更强调底部的整体结构性，把握本章的平底、圆形底、三川底及 V 形底对把握底部的宏观结构感非常有帮助，掌握了这四类底部结构就不会轻易错失战略性的历史机会。

第一节 平底

【名词解释】平底

在某一下降趋势中，股票 K 线下端，即最低价在某一水平区域平齐，这意味着股价在此水平位置连续获得支撑，此区域很可能成为股价调整的阶段性底部区域。这里需要注意的是，平底形态一般多出现在股票走势的波段性调整底部，所谓平底也不要求底部 100% 平齐，只要求 K 线最低价大体在同一水平位置即可，见图 3-1。

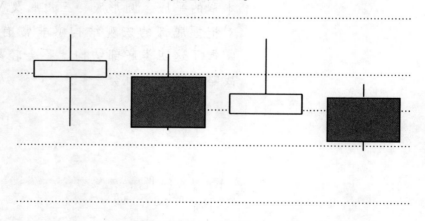

图 3-1　平底形态

【实战精要】

（1）平底形态是转折力度较弱的结构形态，建议谨慎处理，要谨防其成为下跌中继平台的可能，需要等待一根有力道大阳线出来确认后，方可试探性参与。

（2）平底 K 线会出现缩量特征，巨大放量的要认真考究；一般放量的很难成为底部。

（3）平底 K 线分时走势呈现出一定的脉冲式吸筹状态以及呆滞的心电波形（见第四章底部分时结构）。

【实战案例】

1. 中金黄金（600489）。

图 3－2 是该股 2013 年 4—9 月的日 K 线，图中标示"1"和"2"的 K 线看起来都是平底，但仔细观察有明显不同，其中 1 处 K 线成交量并无明显萎缩，而且随后跟的是一根中阴线；2 处 K 线缩量，随后跟的是一根中阳线，不同之处见真章，这也是 1 处成了下跌中继平台，而 2 处成了阶段底部的原因。

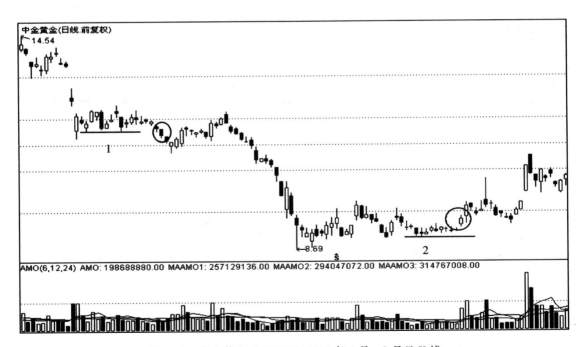

图 3－2　中金黄金（600489）2013 年 4 月—9 月日 K 线

2. 神州泰岳（300002）。

如图 3－3 所示，该股在上市后出现了三次平底结构，图中 1 处和 2 处构造了股价启动前的双底结构，3 处是波段性底部。从其走势看，该股多采用平底横盘整理，这是超级强势股常出现的特征。大家仔细观察一下，这三处 K 线成交量都是萎缩的，而且后面都跟着一根大阳线，特别是 2 处后面跟的是一根接近一字板的涨停 K 线，这些都符合实战要点。

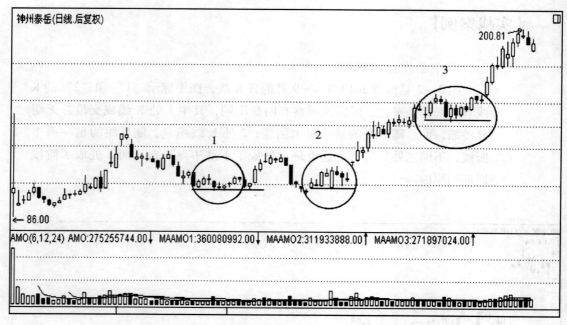

图 3－3　神州泰岳（300002）2009 年 10 月—2010 年 3 月日 K 线

3. 大禹节水（300021）。

如图 3－4 所示，图中 1 处和 2 处股价以两次平底构造了双底结构。需要大家注意的是，在这两个平底结构中，其 K 线都是振幅很小、实体也很小的 K 线，这意味着由原先的空方占优渐变为多空平衡，后市将朝多方格局演变，底部即将探明，大家仔细考究一下，该图形是否完全符合实战精要所列要点呢？

4. 贵州茅台（600519）。

如图 3－5 所示，图中画线这个小平台后跟的是一根大阴线，当遇到这种情况时要谨慎处理，这意味着平台已经成为下跌中继性质，实战时面对这种情况一定要"手起刀落"，坚决退出。现在我们仅仅是纸上谈兵，当实战时面对此状，需"割肉断臂"自救时，过自己心理那关——很难！

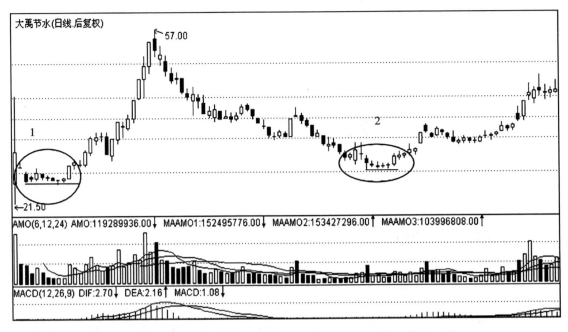

图3-4 大禹节水（300021）2009年11月—2010年3月日K线

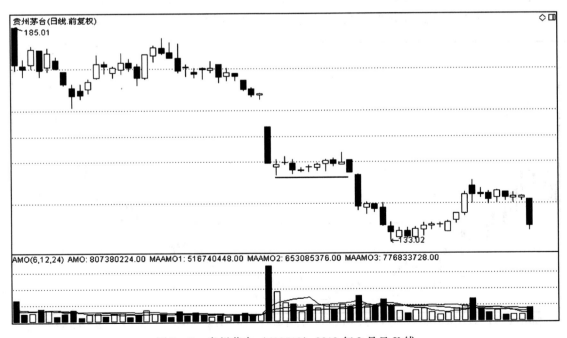

图3-5 贵州茅台（600519）2013年9月日K线

第二节 圆形底

【名词解释】圆形底

所谓圆形底，就是指底部是个圆弧形的，像个碗底一样，如图3-6中标示的矩形范围。我们可以清晰地看到，图中圆形底是由很多振幅和实体都很小的K线组成的。图中，左侧K线由大变小，说明做空力量衰竭殆尽；右侧K线由小变大，说明多方力量缓慢增强，圆形底出现的概率非常高，这符合事物发展的规律，大多数情况下底部的形成是一个循序渐进的过程。实战中像V形底这种突变反转的并不常见，多数个股底部通常会是圆形底。

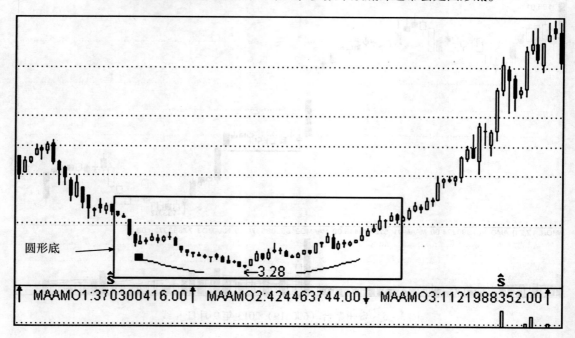

图3-6 圆形底

【实战精要】

（1）很多朋友可能认为平底和圆形底有些相似，二者的主要区别在于：构成平底的 K 线实体可小可大，且一般只由几根 K 线构成；而圆形底由 10 根以上实体很小的 K 线组成，且平底多见于波段性调整的底部，圆形底常见于历史性大底。

（2）圆形底量能结构左半部呈现出递减变化，右半部呈现出递增变化。

（3）圆形底分时结构呈现出诱空性虚假打压、呆滞性吸筹状态（见第四章）。

【实战案例】

1. 万邦达（300055）。

如图 3 - 7 所示，大家能清楚地看到该股圆形底特点：一是缩量；二是规律性的底部量能左边递减、右边递增的节奏性变化。这符合事物发展的一般规律，且这种底部真实性最高，所以通常较为安全。

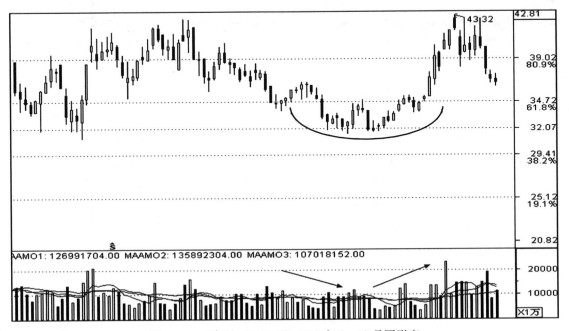

图 3 - 7　万邦达（300055）2013 年 8—10 月圆形底

2. 九洲电气（300040）。

如图3-8所示，图中圆弧标示处是由数根实体很小的K线组成的圆形底，其下面对应的成交量明显是地量结构，左侧K线由大变小，说明做空力量衰竭出现了多空平衡；右侧K线由小变大，说明多方力量正在不断增强。该股走势明显地告诉我们，事物的发展是一个有序的渐变过程，而且这个底部很真实，后面的上涨空间相对就会大些。

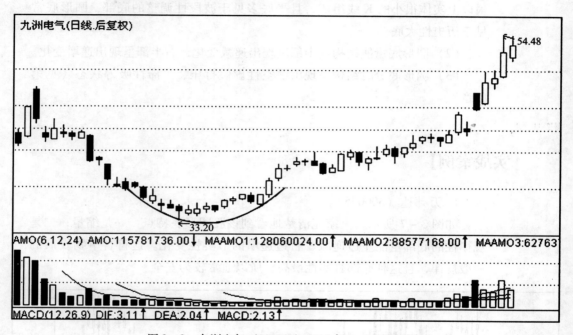

图3-8　九洲电气（300040）2010年1—3月圆形底

3. 华谊兄弟（300027）。

如图3-9所示，该股自2009年10月底上市后股价一直处于调整中，2010年2月前后出现了一个圆形底，此时投资者要密切关注，随后出现了趋势最佳买点和均线最佳买点，这是可介入的较为安全的试探性买点。这里还需要强调一点，散户投资一定要稳，稳稳地拿到该拿的部分就足够了，投资时不要苛求自己赚到所有的钱，只赚能安全到手的那一部分就应该知足，因为保证自己本金的安全最重要。

4. 南风股份（300004）。

如图3-10所示，该股在2010年2月前后出现了一个漂亮的圆形底，此时可以观望，激进的投资者可以小仓位入局，随后股价突破了下降趋势线，出现了趋势最佳买点和均线最佳买点，投资者此时可适当加大仓位。另外需要强调的是，这个地方要有相对的止损预案，有主力资金参与也并

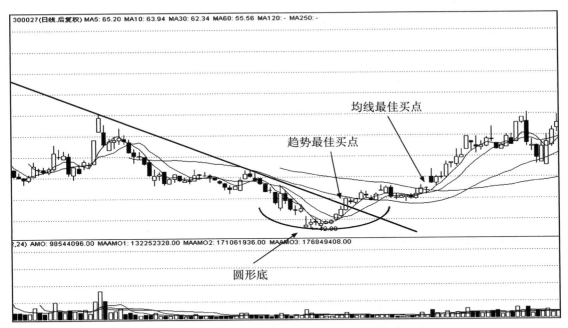

图 3 - 9　华谊兄弟（300027）2010 年 1—3 月圆形底

不意味着股票不会被套，万一主力资金被套了该怎么办？这几年公募基金、私募基金等都出现了千亿元级别的亏损，要知道市场唯一的主宰是趋势本身。

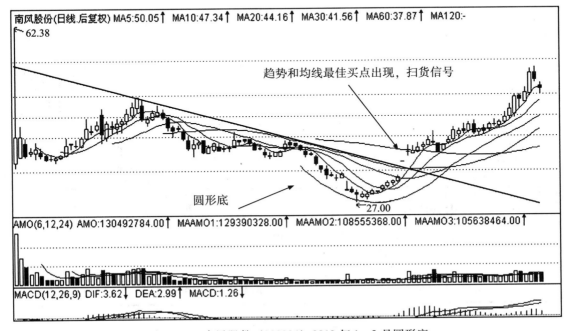

图 3 - 10　南风股份（300004）2010 年 1—3 月圆形底

第三节 三川底部

【名词解释】三川底部

如图 3－11 所示，三川底部形态有三个底，故又称三重底。在爱德华和约翰·迈吉合作的《股市趋势技术分析》中又称之为头肩底。其中，西方分析师的"突破颈线位构成有效突破"的说法在实战时是经得起检验的。我们这里称之为三川底部形态，而且日本技术分析师也一直这么称呼此形态，笔者推测可能是因形态优美而命名的，具体不得而知。

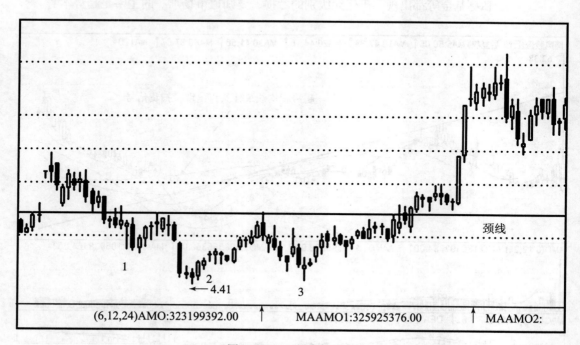

图 3－11 三川底部形态

三川底部形态因为有三个底，所以底部很扎实，且这里的成交不是很活跃，市场正在为新一轮上涨吸筹蓄势，股市有句行话叫"横有多长，竖有多高"，一旦股价突破图中颈线部位就试探性跟进。

【实战精要】

（1）实战中大家还是要结合笔者的均线战法和趋势理论来研判狙击的最佳时机，等趋势最佳买点和均线最佳买点出现后再试探性参与也不迟。

（2）不是所有的三川底部形态都是绝对安全的，越美的东西就越容易迷惑人，因此事先要做好相应的预案，当后市发展和预期不一致时要敢于"割肉"自保。

（3）三川底部形态出现时一般是和主力底部吸筹建仓是一致的，因此这个形态的形成过程一般要伴随着持股股东人数的减少，最简单的方法就是查看软件 F10 中"主力追踪"一栏里的"股东户数"项目和"户均持股"项目，可简单地以此验证自己的想法。

【实战案例】

1. 东方明珠（600832）。

如图 3 - 12 所示，该股在 2012 年 7 月—2013 年 2 月构成了一个三川底部形态，突破颈线后可适当性参与。当然，事先要做好准备，如果突破后的回调跌破上面"3"那个位置就要启动止损预案，另外需要对该股股东人数做个事先的预判。如图 3 - 13 所示，这期间股东户数是减少的，各户均持股是增加的，基本可以定性为有大资金在此期间建仓。

2. 四川长虹（600839）。

如图 3 - 14 所示，该股在 2013 年构造了一个三川底部形态，大家通过该图可以看到此区域的成交量是地量结构，图中突破均线的位置还出现了均线最佳买点，这样实战参与的成功率就相应提高。这只股突破后的形态很优美，在实战中，大牛股的特征是初露锋芒时都有相当优美的形态，但初现优美形态的股票未必都是大牛股。

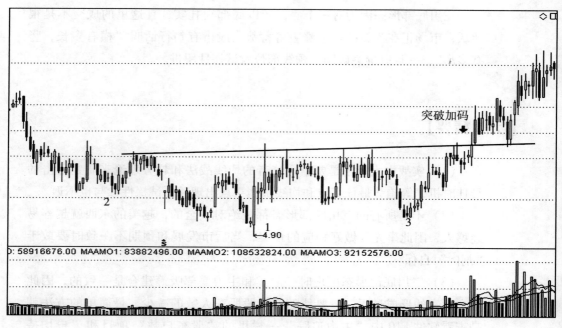

突破加码

2

1
←4.90

3

$: 58916676.00 MAAMO1: 83882496.00 MAAMO2: 108532824.00 MAAMO3: 92152576.00

图 3-12 东方明珠(600832)2012 年 7 月—2013 年 3 月三重底

600832 东方明珠	最新提示	公司概况	财务分析	股东研究	股本股改
	公司大事	港澳分析	经营分析	主力追踪	分红扩股

保险持股	3442.48	3769.85	2231.32	714.14
占流通A比	1.08	1.18	0.70	0.22

注:以上数据取自基金持股和公司十大流通股,季度数据未包含基金持股明细
　　最近一期数据可能因为基金投资组合或公司定期报告未披露完毕,导致汇总数据不够完整

【2.股东户数】

截止日期	股东户数	户均持股	较上期变化	筹码集中度
2013-06-30	199808	15946	无明显变化	非常集中
2013-03-31	202733	15716	无明显变化	非常集中
2012-12-31	209600	15201	无明显变化	非常集中
2012-09-30	215175	14808	无明显变化	非常集中
2012-06-30	218381	14590	无明显变化	非常集中
2012-03-31	222766	14303	无明显变化	非常集中
2011-12-31	231148	13784	无明显变化	非常集中
2011-09-30	230279	13836	无明显变化	非常集中
2011-06-30	238116	13381	无明显变化	非常集中
2011-03-31	234477	13589	无明显变化	非常集中
2010-12-31	237635	13408	无明显变化	非常集中

图 3-13 东方明珠(600832)

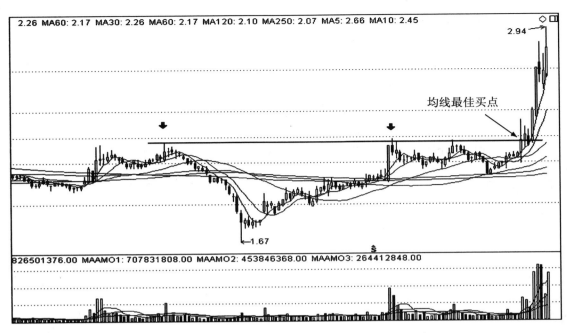

2.26 MA60: 2.17 MA30: 2.26 MA60: 2.17 MA120: 2.10 MA250: 2.07 MA5: 2.66 MA10: 2.45

2.94

均线最佳买点

1.67

826501376.00 MAAMO1: 707831808.00 MAAMO2: 453846368.00 MAAMO3: 264412848.00

图 3-14　四川长虹（600839）2013 年 5—10 月三重底

3. 顺网科技（300113）。

如图 3-15 所示，该股在 2012 年 8 月—2013 年 5 月这个时间段内出现

47.57

加仓位置

MAAMO1: 126054912.00 MAAMO2: 122481064.00 MAAMO3: 97812120.00

2′

2

1

3

3

图 3-15　顺网科技（300113）2012 年 8 月—2013 年 5 月三重底

了双重三川底部形态，此时一般把最外层的头肩底突破作为标准，加仓位置如图中箭头所指位置，这种形态突破后的向上空间往往要大些，因为建仓的时间更长。

4. 人民网（603000）。

如图 3－16 所示，该股的周线图呈三重底，这与图 3－15 的分析一致，这里单列出来只是告诉读者，我们所见的底部形态同样适用于大的时间周期，如周线、月线，当然也适用于 60 分钟、30 分钟线这样的小周期。

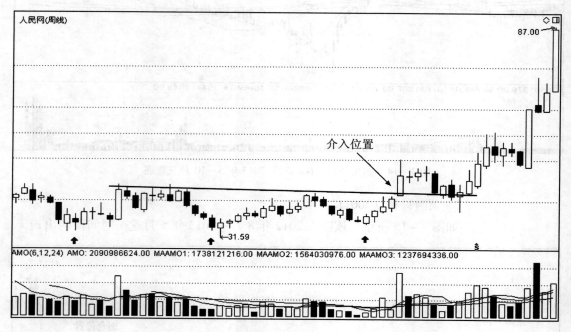

图 3－16　人民网（603000）2012 年 8 月至 2013 年 5 月三重底

5. 云南白药（000538）。

图 3－17 所示为云南白药的周线图，大家可以自己分析一下，这里只是提示读者一下，除了底部和股东户数减少外，像云南白药这种净利润逐年递增的股票，若调整中出现三川底部形态，那么操作成功的概率便会更高。

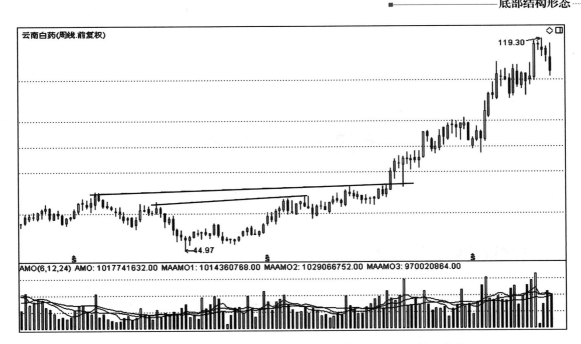

图 3 - 17　云南白药（000538）2011 年 11 月—2013 年 1 月三重底

第四节　V形底

【名词解释】V形底

V形底俗称"尖底",由于形态走势像"V"形而得名,如图3-18所示。

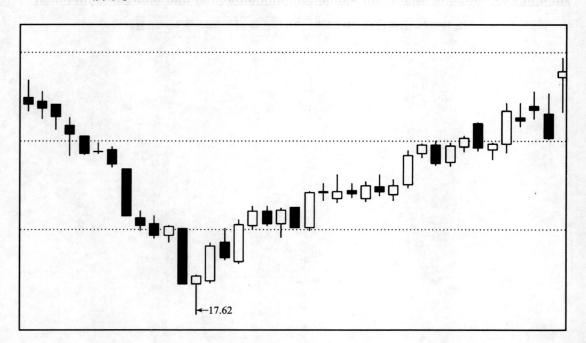

←17.62

图3-18　V形底形态

与圆底、平底、三川底部相比,V形底形成时间最短,短线爆发力也最强,反转后基本是直线式上涨,获利速度也最快,但实战中把握难度较大。

【实战精要】

（1）对于 V 形底，由于主力底部筹码少，通常随后的反转快而猛，但持续时间很短，因此当随后股价回落跌破支撑线时，要果断止盈。

（2）V 形底出现时，一定要等股价向上越过短期下降趋势线后再参与。

（3）V 形底由于底部积淀筹码少，所以底部右侧量能通常要比其他底部的更大些。

【实战案例】

1. 恒顺醋业（600305）。

如图 3 - 19 所示，该股在 2012 年 11 月 29 日见低点后形成 V 形反转，随后股价一个多月便完成了翻倍。V 形底右侧通常要伴随着量能进一步放大，参与的最低条件是股价向上越过短期下降趋势线。

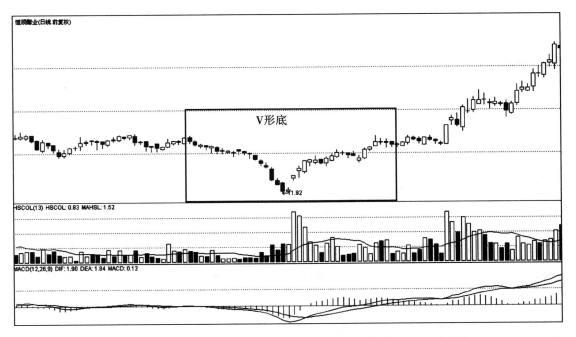

图 3 - 19　恒顺醋业（600305）2012 年 11 月 29 日低点出现 V 形反转

如图 3-20 所示，该股的 V 形底是走出来之后才知道的，所以事先必须要有严格的止损计划，亏损一旦超过本金的 3% 就应当走人。

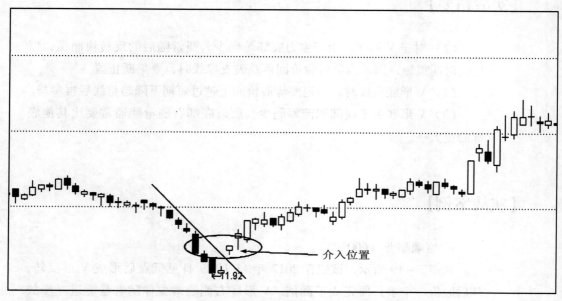

图 3-20　恒顺醋业（600305）

2. 龙净环保（600388）。

如图 3-21 所示，该股 2012 年 12 月 4 日形成 V 形底后，股价在 2 个

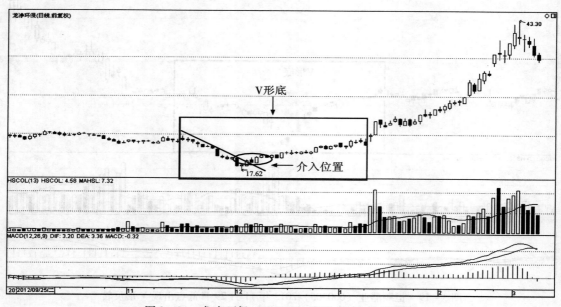

图 3-21　龙净环保（600388）2012 年 12 月 V 形底

月内完成了翻倍。途中该股向上穿越下降趋势线是介入位置，随后由于 K
线低点一路抬高，所以可持有。

3. 广晟有色（600259）。

图 3 – 22 所示为广晟有色 2012 年 12 月 V 形底后的走势，留给读者朋
友自己去思考吧。

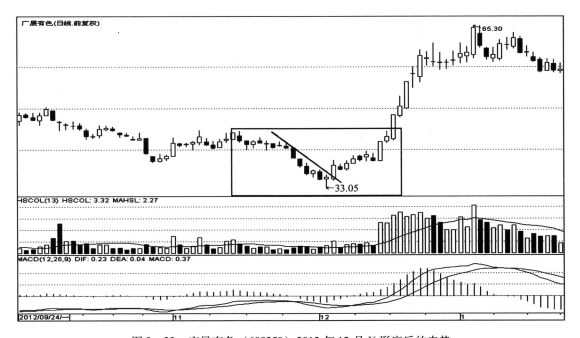

图 3 – 22　广晟有色（600259）2012 年 12 月 V 形底后的走势

第四章

底部分时结构

　　底部分时是主力运作的落脚点，是底部的最细微特征。一叶落而知天下秋，掌握了这些底部分时特征便能见微知著，第一时间窥见主力的轨迹，这是实战中精准抄底最为重要的细节，可谓生死之地，存亡之道，不可不察。

第一节　心电波

【名词解释】心电波

　　股价经过长期下跌后，想卖的持股者多数已经出局了，此时的盘面只剩下稀稀疏疏的买盘，还有极少数短线股"自拉自唱"，此时主力还未入场收集筹码，分时盘面会出现极为呆滞的现象，有时可能会出现数分钟无成交的现象，这种呆滞波形像极了心电图，我们称之为心电波，如图4-1所示。

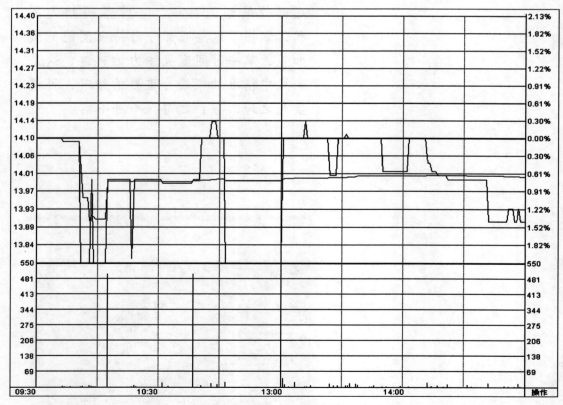

图4-1　心电波形态

【实战案例】

　　1. 承德露露（000848）。

　　如图4-2所示，该股在2008年后期，股价经过惨烈的杀跌后，市场交投极为清淡，此时已经处于卖无可卖的境地。从图4-3分时上看，早盘股价有时连续10分钟内竟无一笔成交，分时图走势非常呆滞，甚至有时会出现一字横杆走势。这里为什么可以理解为底部区域，因为市场抛压接近于零，但盘面给的提示也仅限于此，底部区域不代表底部成立，如果没主力机构入场，那这种盘跌走势还将持续下去，所以底部K线一般会出现心电波走势，但有心电波走势出现并不意味着底部成立。

图4-2　承德露露（000848），2008年11月7日

　　2. 数字政通（300075）。

　　如图4-4和图4-5所示，数字政通在2011年10月经常出现这样的分时走势：分时会经常出现几分钟无成交的现象，走势比较呆滞，像小女生扎的麻花辫，分时走势打成了结、很不流畅，显示股价抛压很小。但注意，

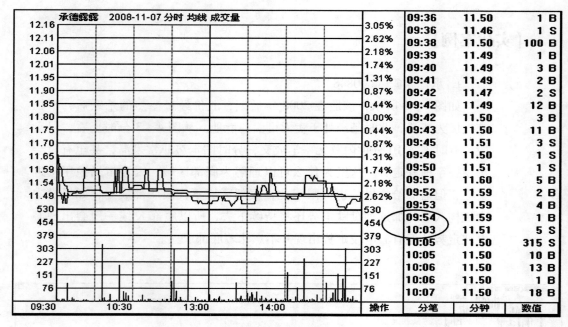

图 4-3　承德露露（000848）2008 年 11 月 7 日分时

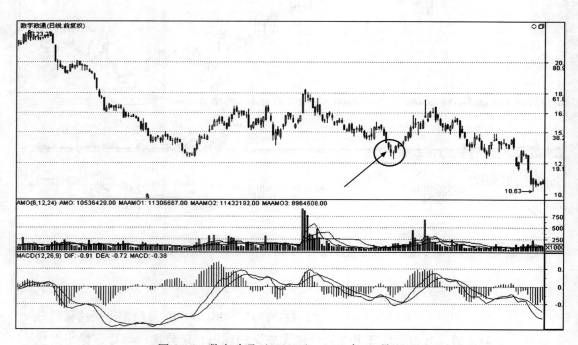

图 4-4　数字政通（300075），2011 年 10 月 21 日

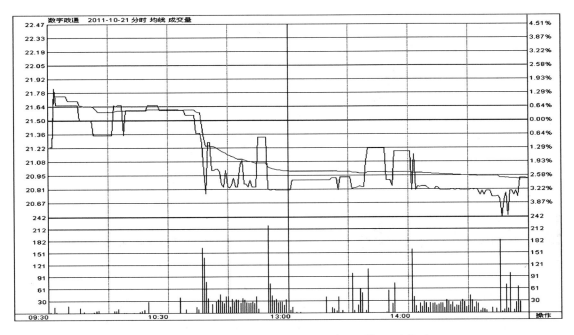

图 4-5　数字政通（300075）2011 年 10 月 21 日分时

这里分时能给我们的信息也就这么多，这暗示股价已经处于底部或即将处于底部，但没有明显的主力经常建仓前，这还只是个底部参考信号。由图 4-4 可知，随后股价又下跌了 20% 多，可见抄底需要很强的综合实力才能办到。

3. 红日药业（300026）。

图 4-6 所示为红日药业 2011 年 10 月的走势，图 4-7 所示为该股 2011 年 10 月 21 日分时。大家自己分析一下，不少读者可能有个疑问，既然心电波只是底部特征，只能参考，那何时才能参与？怎么才能判断主力已经进场？这个问题，在下一节脉冲波中会跟大家交流看法。

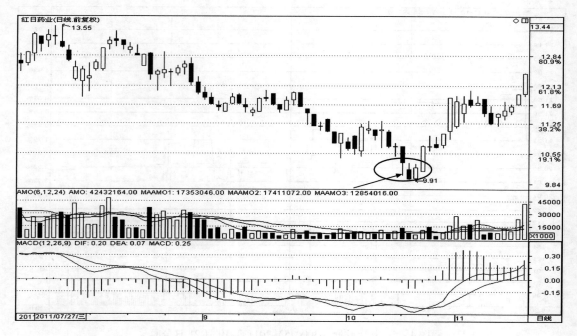

图 4-6 红日药业（300026），2011 年 10 月 21 日

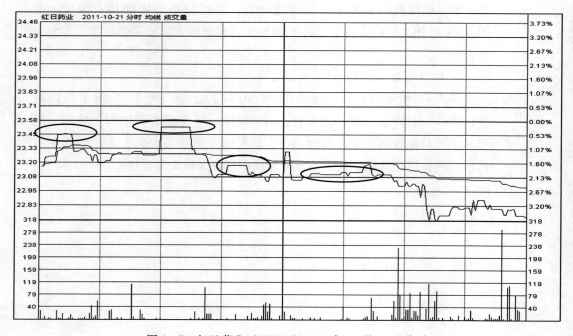

图 4-7 红日药业（300026）2011 年 10 月 21 日分时

第二节　脉冲波

【名词解释】脉冲波

如图 4-8 所示，这里讲的是底部分时脉冲波，且所指的脉冲波是主力吸筹造成的，即大规模建仓的一种波形，因此分时上攻不具备连续性。但要特别解释一下，主力资金建仓时通常要把股价压缩在一定空间内，这样可节约建仓成本，所以主力在建仓区间的买入是间断性的，通常会在分时上留下尖形结构，然后等把股价推高到一定高度就停手，等待股价自然回落后再建仓，或者主动打压股价让其回到原地。

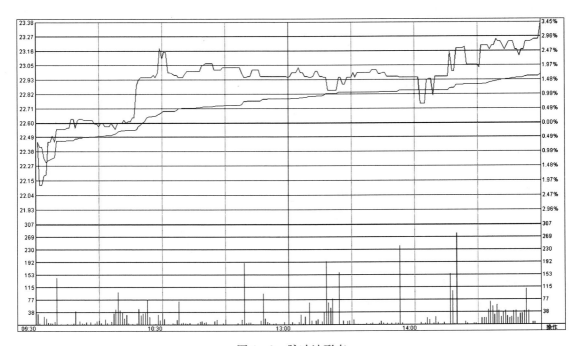

图 4-8　脉冲波形态

脉冲波形分时上没有量堆结构，通常留在分时上的是间断性的几根量柱，但相比于心电波，脉冲波具有一定的向上攻击性。

【实战案例】

1. 数字政通（300075）。

如图4-9和图4-10所示，数字政通在2012年2月股价长期下跌后，主力开始进场。大家可以对照自己的软件来观察短时间内的K线分时，多数都是2月21日这种类型，主力有的是单笔买入，有的是少数连续几笔买入。由于买入力道较为单薄，所以分时上就留下这些单子冲击造成的尖角形态，然后主力用小单下砸，把股价再打压下来，或者几分钟不动等股价自动回落，此时盘面就会留下一字横线，这就是主力间断性攻击留下的脉冲波形。建仓时也只能这么做，有的人可能问为什么不持续攻击？要是持续攻击那股价早"飞天"了，哪个机构愿意在高位买入筹码呢？反反复复、迂迂回回，主力只是想把建仓成本控制在一定价格范围之内。

图4-9　数字政通（300075），2012年2月

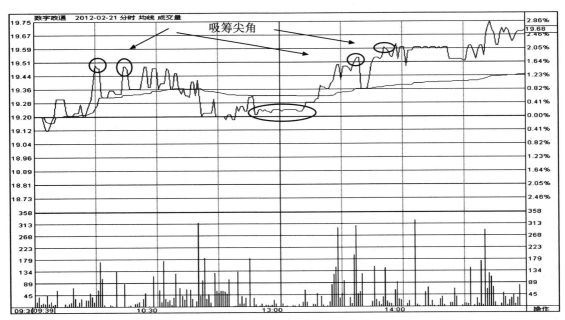

图 4 - 10　数字政通（300075）2012 年 2 月 21 日分时

2. 东方明珠（600832）。

该股启动前经历了从 2011 年 12 月—2013 年 8 月近两年的漫长建仓期。

如图 4 - 11 所示，我们研究一下这建仓区股票的分时走势。

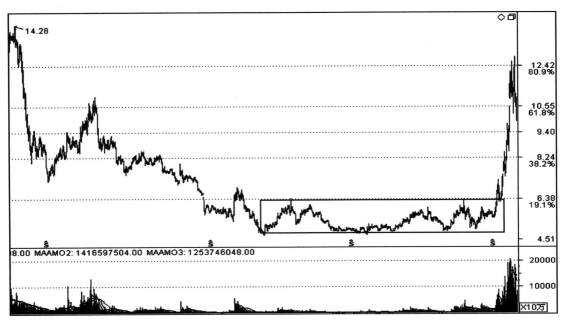

图 4 - 11　东方明珠（600832），2011 年 12 月至 2013 年 8 月

我们以这期间内 2013 年 1 月 14 日这天为例，说明一下这个脉冲波形。如图 4 - 12 所示，都是分时单笔或少数连续几笔单子组成的尖角式的脉冲波形，这里显示的就是主力建仓留下的痕迹，通过近两年这种反复的吸筹，主力吃饱喝足自然要整点儿事出来。

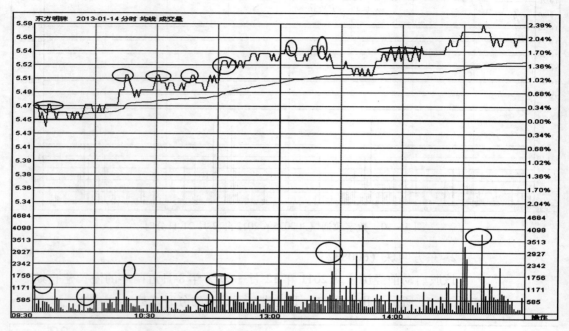

图 4 - 12　东方明珠（600832），2013 年 1 月 14 日

3. 特锐德（300001）。

图 4 - 13 所示和图 4 - 14 所示为特锐德 2012 年年末的走势，读者可对照软件自己研究一下那段 K 线的分时，基本上是 12 月 25 日那天的样子。还需说明一点，就是脉冲波形意味着底部已经有大资金入局，此时这种走势的股票就要高度关注，一旦建仓完毕后就要展开主升了。

图 4－13　特锐德（300001），2012 年 12 月

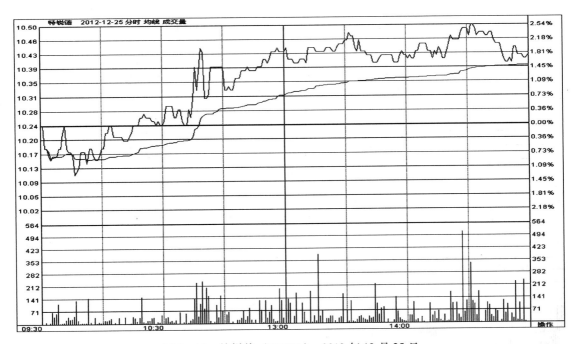

图 4－14　特锐德（300001），2012 年 12 月 25 日

第三节　诱空

【名词解释】诱空

个股走势在底部区域最后一跌时经常出现大阴线，但诸位可以复盘观察一下大阴线的分时，多数都是这种诱空性杀跌，即分时杀跌量堆越来越小，显示空方力量越来越弱，这暗示主力这地方已经无心出货，下杀的目的只是震落最后的恐慌盘，为下一步大规模建仓留下空间。还需要说明一点，这种诱空性杀跌的大跌或跌停绝大多数出现在尾盘。

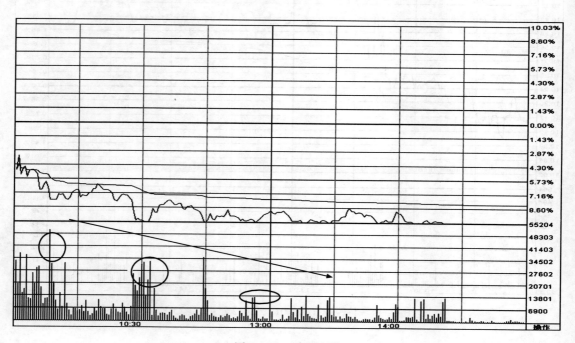

图 4－15　诱空波形

【实战案例】

1. 中青宝（300052）。

如图4-16和图4-17所示，中青宝为2013年的大牛股，我们先看看该股2012年最后一杀的情形。由图4-16可清楚地看到，这根大阴线分时很清楚是少数几笔单子打压造成的，发生在尾盘而且量柱递减，具有明显的诱空性质。从盘面看，尾盘这个动作震落了不少恐慌盘，可谓一石二鸟，效果不错，这也为后市主力建仓留下了空间。

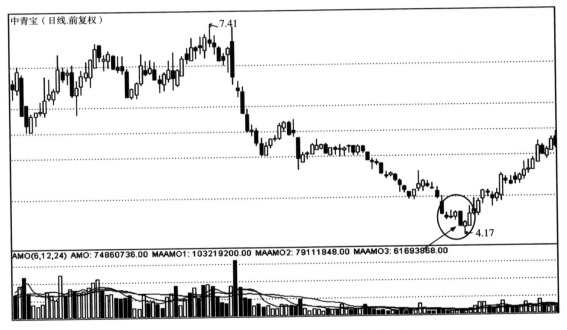

图4-16 中青宝（300052），2012年12月3日

2. 华谊兄弟（300027）。

如图4-18和图4-19所示，华谊兄弟为2013年影视传媒的龙头股，它启动前同样是诱空性杀跌，不知道多少人"死"在黎明前。牛股也有"牛脾气"，没有当初的残忍哪有后来的惊喜。

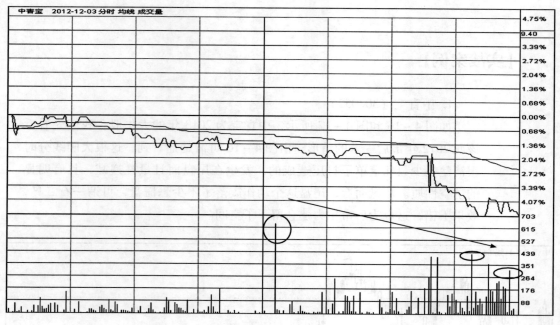

图 4 - 17　中青宝（300052）2012 年 12 月 3 日分时

图 4 - 18　华谊兄弟（300027），2012 年 12 月 3 日

· 84 ·

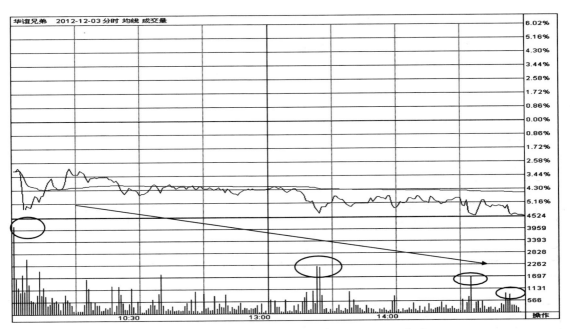

图 4 - 19 华谊兄弟（300027）2012 年 12 月 3 日分时

3. 中瑞思创（300078）。

如图 4 - 20 和图 4 - 21 所示，中瑞思创的诱空波形更明显，大跌发生

图 4 - 20 中瑞思创（300078），2012 年 12 月 3 日

在尾盘40分钟，大家可以结合图形分析一下。需要注意的是，这种单笔量柱杀跌的情况暗示该股抛压极小，在此之前主力可能已经进场收集了部分筹码。

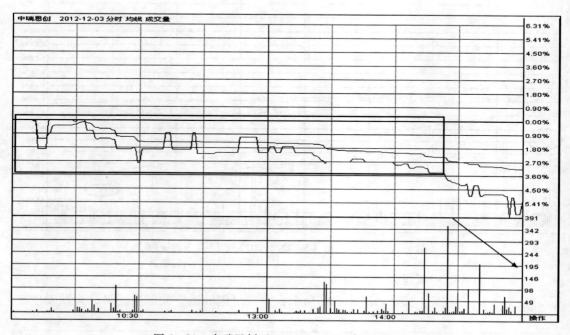

图4-21　中瑞思创（300078），2012年12月3日

第四节 诛心

【名词解释】诛心

　　当大势恐慌杀跌时，个股泥沙俱下，这时还需最后一跌。主力不杀人，只灭其心，心死便万念俱灰。恶劣市道看到大单压盘让你恐慌到窒息，这正如看破红尘要出家一样，斩仓离场，从此再不踏足股市便是绝望下的最终选择。

　　大单压盘是我们常见到的分时挂单盘口。如图 4 - 22 所示，这个盘口系统行情向好时极少出现，即便此时出现了也没什么好的效果，但系统持续下跌或突发暴跌时就特别好使，此时个股泥沙俱下，投资者持股亏损已经较大，这时往往会产生极大的心理压力，此时主力在挂上大单压盘，然后小单子往下砸，就很容易让投资者紧张恐慌到窒息，从而引发中小投资者更大的跟风抛盘，而所有的抛盘统统进入了另一个口袋。欲让其行为崩盘，先让其心神崩溃，此谓之诛心。

卖五	47.13	78		卖五	18.45	12
卖四	47.12	11		卖四	18.43	519
卖三	47.11	202		卖三	18.41	1415
卖二	47.10	469		卖二	18.40	1427
卖一	47.09	357		卖一	18.39	2136
买一	47.05	1		买一	18.38	173
买二	47.03	5		买二	18.37	50
买三	47.02	4		买三	18.36	29
买四	47.01	17		买四	18.35	105
买五	47.00	13		买五	18.33	2

图 4 - 22　诛心

所以说，诛心不是具体的图形，而是盘口表现出令人恐慌和窒息的状况。

【实战案例】

1. 中威电子（300270）。

从图4－23可以看出，创业板2013年10月10日有阶段性见顶信号，随后一路下跌至10月25日，整个创业板TMT个股全线暴跌，华谊兄弟、朗玛信息等龙头股短短几个交易日下跌近40%，可谓风声鹤唳。由图4－24可知，中威电子虽然早于创业板下跌，但那几个交易日跌幅一点儿不含糊，而且大卖单压顶，盘面走势让人窒息。那么事情真的坏到了极点了吗？未必！从图4－25看，该股目前的下跌触及了前强支撑区，此时的大单压盘具有诛心性质。从图4－26看，该股尾盘杀跌，属于本章第三节讲的诱空盘口，诱空盘口加诛心之势，可见主力并无心出货，而恐吓震仓的意味更浓。综合研判，该股此处应该阶段性底部区域，阶段反弹的面大。

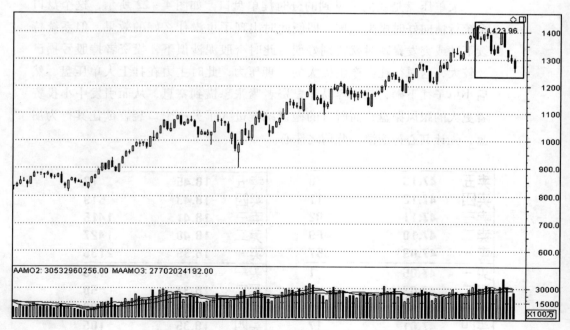

图4－23 创业板指数（399006），2013年10月

图 4－24　中威电子（300270），2013 年 10 月 25 日

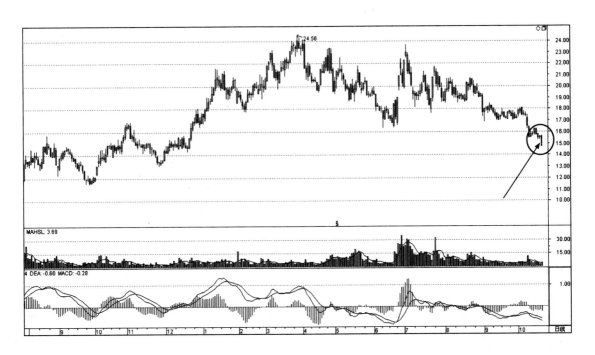

图 4－25　中威电子（300270）日 K 线

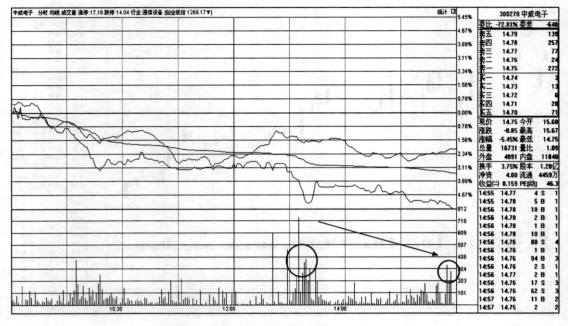

图 4-26　中威电子（300270），2013 年 10 月 25 日

2. 北纬通信（002148）。

请大家结合图 4-27 和图 4-28 中的注解和该股所处 IT 指数走势

图 4-27　北纬通信（002148），2013 年 10 月 25 日

（图4-29）来分析一下。需要说明的是，该股这个地方支撑力度要比上面的
中威电子弱一些，实战处理中抄底要谨慎些，参与资金要控制的更严格一些。

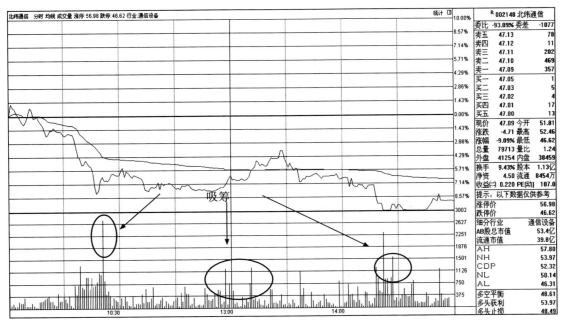

图4-28　北纬通信（002148），2013年10月25日

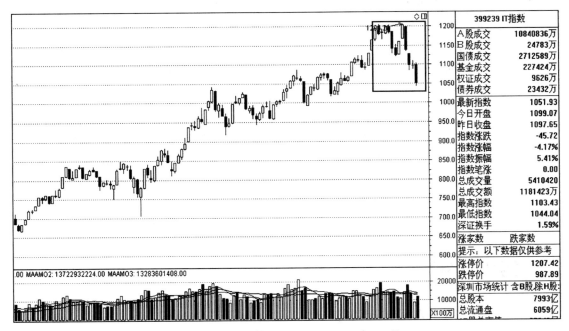

图4-29　IT指数（399239），2013年10月

第五节 试盘

【名词解释】试盘

　　股价在经过大幅下跌后，主力已经在暗地收集廉价筹码，当他认为筹码已经收集到理想状态时，下一步的工作就是对倒拉升并在高价位派发手中的筹码，但在拉升之前他需要确定两件事：第一，股价下方筹码锁定良好，即底部区域有明显支撑，为此主力要通过向下试盘波来试探一下支撑力度；第二，股价上方筹码松动，即上方区域阻力较弱，为此主力要通过向上试盘波来测试一下阻力大小。

　　向上试盘是主力在底部收集了足够筹码之后，在谋划发动一轮波段行情之前试探性的测试一下上方筹码的松动程度，如果上方阻力较轻，那么主力操盘手会断定发动行情的条件已经成熟；如果抛压较重，那么发动行情的时机还未到，底部需盘整的时间还要延长。这些我们要通过具体的盘口分析来定性。

　　向下试盘主要是说明下方筹码的稳定度，如果向下试盘时股价立马反弹向上，那么说明下方支撑稳固，即投资者很愿意在下探位置回补头寸，下方有很强的心理支撑；反之，如果向下试盘时下方无买盘出现，甚至更糟的是有人跟风卖出，那此时只能说明市场浮动筹码仍然较多，或者大势以及投资者的人心不稳，行情启动仍需时日。

【实战案例】

　　1. 东方明珠（600832）。

　　从图4－30可以看出，该股经过近两年的漫长建仓期后，到了图中椭圆处量能出现明显放大，此时就要仔细观察和分析椭圆处内这两日的走势。

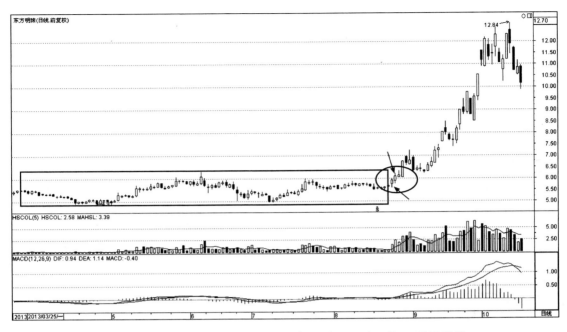

图4-30　东方明珠（600832）2013年8月23日和8月26日日K线

从该股2013年8月23日分时（图4-31）看，该股当日向下打压试盘，图中显示抛压极小，而且此处显然具有极强支撑，股价不久就被大单

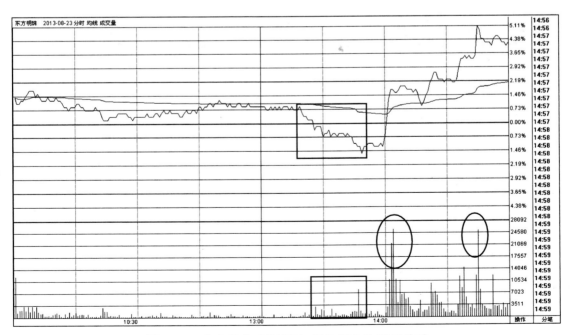

图4-31　东方明珠（600832）2013年8月23日分时

拉起，市场回补意愿极强，主力资金对发动行情应该充满了信心。但出于谨慎考虑，主力机构仍然有向上试盘的必要。

该股下一交易日（即8月26日）便开始了向上试盘，这也可见主力发动行情的急迫性。需要恭喜的是，由图4-32可知，股价向上冲击后抛压极小，显示了盘面高度的稳定性，既然上下都无忧，那么主力应该对后市启动主升浪信心满满。

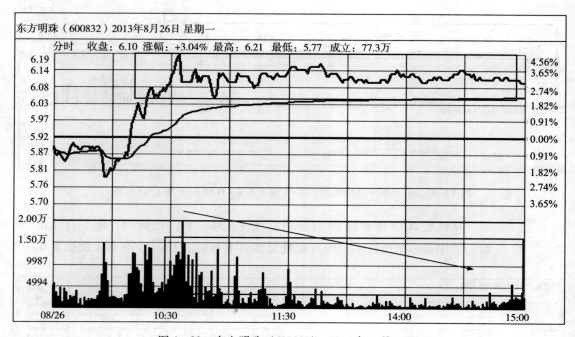

图4-32　东方明珠（600832），2013年8月26日

2. 新华传媒（600825）。

这个向下试盘和向上试盘的盘口跟东方明珠如出一辙，读者可以根据笔者在图4-33～图4-35中的提示自己分析一下，没啥难度。需要说明的是，试盘是主力发动行情前最后的举动，一定要高度注意，这个盘面动作完成后，只要反馈的信息不太差，那么随后必然就是主升浪，这也是主升浪擒拿的技巧之一。

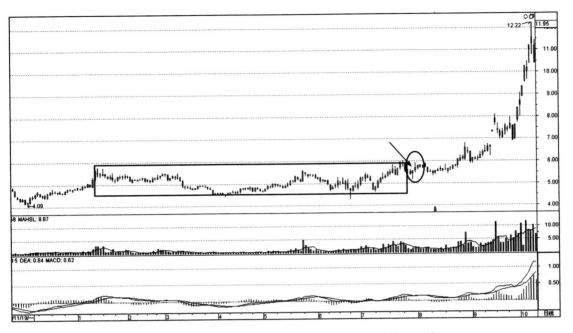

图 4－33　新华传媒（600825）2013 年 1—10 月的日 K 线

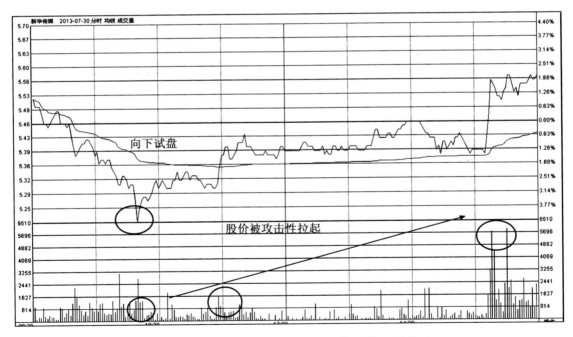

图 4－34　新华传媒（600825）2013 年 7 月 30 日分时

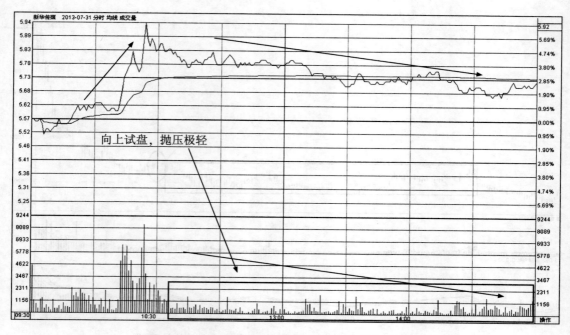

图4-35 新华传媒（600825）2013年7月31日分时

第五章

底部趋势结构
与反弹力道

　　背离（也称背驰）是什么，何处又是底部？底部有大有小，不同的底部如何进行实盘处理？什么是传说中的底背离共振技术？底部出现后如何能定性上涨趋势成立？这些问题在本章都将为读者朋友一一揭晓。本章内容有一定难度，是为想成为股市绝顶高手的朋友写的。

第一节 底部与背驰

【基本概念】底部与背驰

趋势分为上升、盘整、下降三种，而底部作为下降趋势的末端其必然是会出现相对的背驰，即所谓阳在阴之内不在阴之背，多方必然会在空方的阵营中显露出蛛丝马迹。背驰可用相对稳定的 MACD 指标来表示，而均线用 5 日攻击线和 10 天操盘线来表示，再配合成交量指标，这样均线、MACD、成交量就构成了捕捉精准买点的三大要件。

这里先介绍一个常用的底部的一般性规律：

（1）底部，特别是历史性的标志性底部必然缩量，底部必然地量，虽然地量未必是底部。

（2）常见的底部形态出现。

（3）底部产生时一般 5 日线、10 日线与 30 日线有较大的价格乖离，这个乖离一般在 15%～20% 之间，大盘指数的背离在 10%～15% 之间。

（4）MACD 出现趋势背离，这个背离可用 5 日线和 10 日线两个黏合点相对应的 MACD 的柱体之间围成的面积来判断，面积越大表示下降的力度越强。如果在下降趋势中，后一个下降趋势即价格跌得更深中的面积小于前一个下降趋势的面积，则这个背离笔者定义为一级背离；如果在同一个下降趋势中，后一个 K 线价格创新低但对应的 MACD 绿柱子变短，则这个背离笔者将其定义为二级背离。实战中一级背离对底部的预见效用大于二级背离。此处笔者说得很抽象，但结合下面的具体实战案例一看就懂。

【实战案例】

1. 金刚玻璃（300093）。

图 5 – 1 所示为金刚玻璃 2010 年 8—10 月的走势，图中头部确认后开始了波段下跌趋势，从 5 日线死叉 10 日线到二者再次相聚形成了下降趋势 A；同理，趋势 B 和 C 也是依次划分。从 MACD 看绿柱面积，显然 $S_b > S_a$，没有一级背离出现，所以 B 段区域显然不能构成下降趋势的末端，即不能成为趋势转折的有效买点；继续观察，显然后面的 $S_c < S_b$，此时一级背离出现，所以 C 段区域很有可能是最佳买点（即趋势转折点）区域，而且 C 段区域内出现了启明星变体的底部组合，也呈现了地量结构。这时抄底信号出现后要大胆介入。当然，后市可能 5 日线再次跌破 10 日线，一般而言，这个介入是绝对安全的，能够保证大家下次死叉时盈利退出。

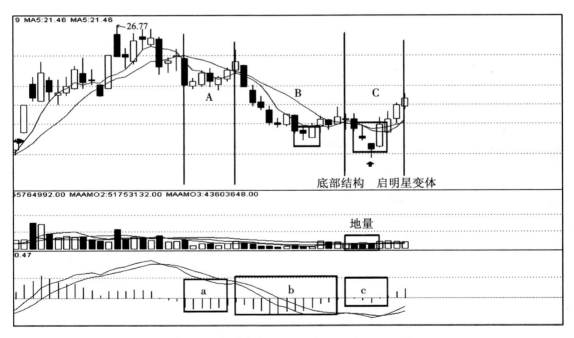

图 5 – 1　金刚玻璃（300093）2010 年 8—10 月

大家注意一个细节，此案例中 B 段区域小矩形内的 K 线组中带有长上下引线的阴十字星 K 线股价创了新低，但和前面大阴 K 线对应的 MACD 绿柱长度相比反而缩短，形成了二级背离，加之这根星线后出现了一根实体

阳线形成了看涨吞没形态,所以阳线收盘前可以跟进,但当5日线和10日线再次死叉时要退出来,这个退出同样是安全的,还有盈利在手。通过上面的分析可知一级背离买点的安全性要强于二级背离买点的安全性。

2. 上证指数(999999)。

图5-2所示为上证指数2010年6—9月的走势,图中显示一个大的盘整区域后跟随的是下降趋势A和下降趋势B以及二者之间的盘整区域C,关于盘整的处理方法以后再讲。图中很明显$S_b < S_a$,即股价出现了一级背信,同时出现了地量结构,B段内也出现了启明星变体的底部组合,所以B段区域极有可能是趋势转折点(即最佳买点),尽管后市5日线和10日线有可能再次死叉,但可以保证遇到此种情况时的卖出是有盈利在手的。

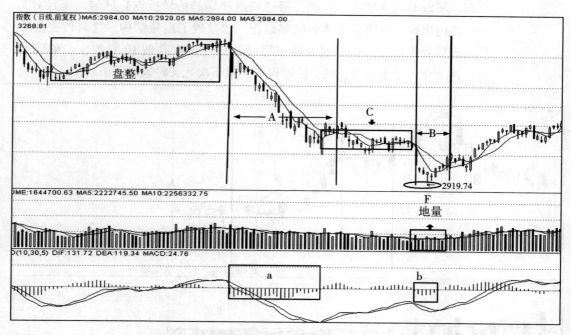

图5-2 上证指数(999999)2010年6—9月走势

这里需要交代一下,图中那个长影线买点F也是二级背离的买点,像这种一级背离和二级背离买点合二为一的情况一旦出现,一定要格外珍惜。实战中难以把握的是趋势面积,一般大多可以凭肉眼得出个大概,实战中一旦5日线走平即可粗略估计出这个趋势面积。

3. 钢研高纳（300034）。

图 5 - 3 所示为钢研高纳 2010 年 1—10 月的走势，读者可以试着自己分析一下。

这节是一般的规律性的东西，不仅适合散户也同样适合机构操作，资金量多的股民可以将 K 线级别提高到周线甚至月线上来运用此理论操作，超级资金甚至需要提高到月线上来运用底部的背离性买点。这节理解起来似乎比较抽象，若多在实战中进行揣摩必会收到效果。

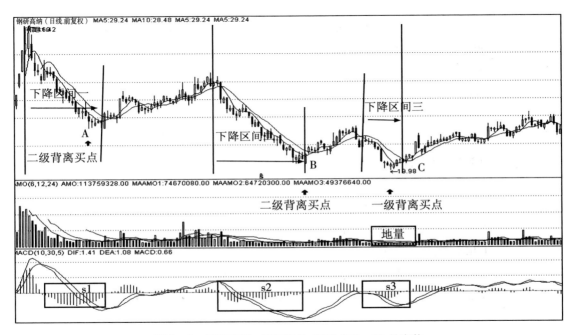

图 5 - 3 钢研高纳（300034）2010 年 1—10 月走势

第二节　底背离共振

　　底背离共振这个技术分析方法很少有人能真正讲明白，少数真正明白的技术高手也都藏着掖着不愿意讲，因为底背离共振具有对走势精确定位的功能，所以懂行的都把它当作宝贝珍藏起来，要讲明白这个问题先来看下面三个概念。

【名词解释】组

　　4根以上的K线为一组（图5-4）。

　　当4根以上的K线的高点逐渐抬高时为向上一组。向上一组要求后面1根K线高点必须高于前面那根K线高点至少0.01元或0.01点。

　　当4根以上的K线的低点逐渐见低时为向下的一组。向下的一组要求后面1根K线低点必须低于前面那根K线低点至少0.01元或0.01点。

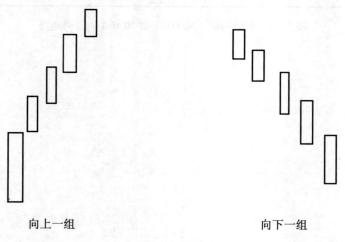

向上一组　　　　　　　　　　向下一组

图5-4　组

【名词解释】 趋势

趋势是指至少连续三组且有重叠区域的 K 线走势成为一个趋势。以向上一组开始的为上涨趋势（图 5－5），以向下一组开始的为下跌趋势（图 5－6）。

（日线.前复权）

21

←832.62

上涨趋势

图 5－5　上涨趋势

【概念辨析】 组和趋势的关系

我们把趋势分为年线、季线、月线、周线、日线、30 分钟线、5 分钟线、1 分钟线八个级别，本级别的一组大致相当于次级别的一个趋势。如图 5－7 和图 5－8 所示，即日线一组大致相当于其次级别 30 分钟的一个下降趋势。如果次级别的趋势一旦终结，那本级别的一组当下宣告结束。所以大家看到图 5－8 中 30 分钟图处于背驰段时基本意味着图 5－7 中的日线这一组走到了尽头。

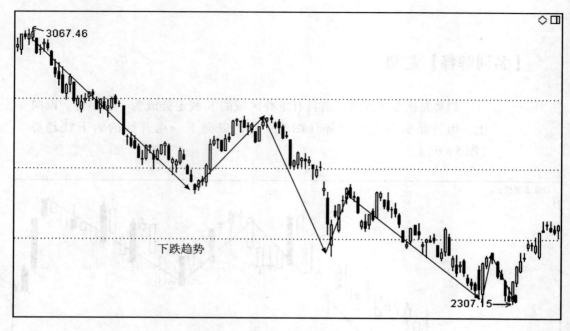

图 5 - 6　下跌趋势

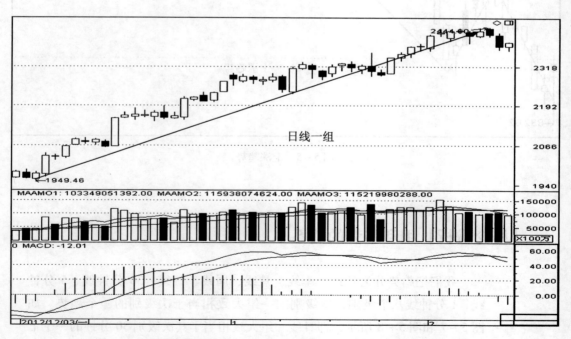

图 5 - 7　上证指数（999999）2012 年 12 月 4 日—2013 年 2 月 18 日日线

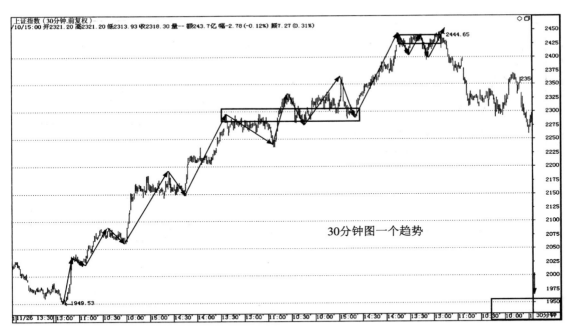

图 5-8　上证指数（999999）2012 年 12 月 4 日—2013 年 2 月 18 日 30 分钟图

【名词解释】底背离共振

如果股价有三个以上级别同时处于底部背驰位置，则称之为底背离共振。因此底背离是个时空概念，空间上要求各级别背离，时间上要求背离同时发生，否则不能称之为共振。

基于上面的概念，笔者给出底背离共振演示图，见图 5-9。

下面结合实战案例来体会一下底背离共振的威力。

【实战案例】

图 5-10 所示为上证指数 2010 年 11 月—2013 年 3 月周线图，从图中下部的 MACD 看，第 2 组下跌 MACD 绿柱面积大于第 1 组，表明第 2 组下跌力度更强，下跌无背驰，故第 2 组很难产生真正的底部；第 3 组下跌 MACD 绿柱面积小于第 2 段，故第 3 组（从 2421 点到 1949 点）下跌力度出现衰竭，大盘在 1949 点有可能终结下跌趋势产生反转。谨慎起见，我们

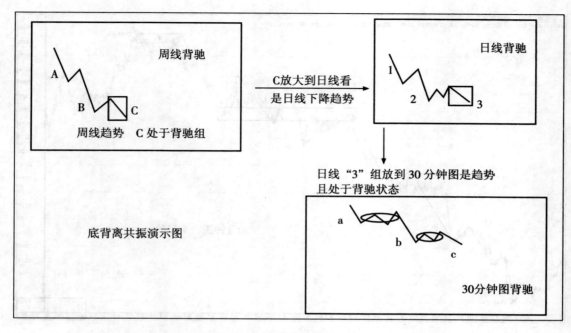

图5-9　底背离共振演示图

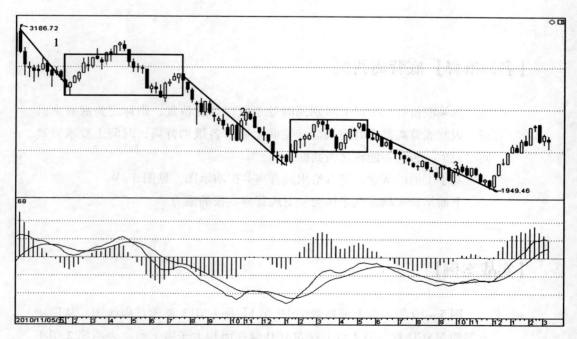

图5-10　上证指数（999999）2010年11月—2013年3月周线图

把第3组下跌在日线上放大观察。

图5-11是上证指数周线的第3组下跌所对应的日线上的走势图，显

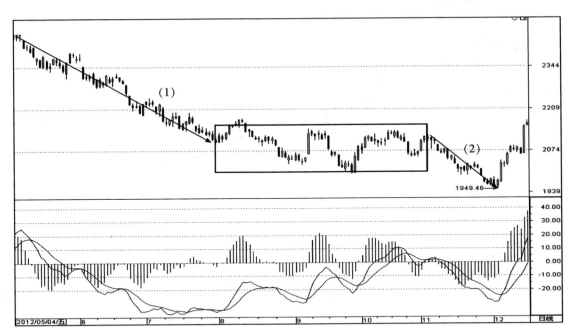

图 5 - 11　上证指数（999999）2012 年 5 月 4 日—12 月 4 日

　　然这是一个明显的下降趋势，从日线上清晰地看到是有一个盘整的两组下跌走势，第（1）组 MACD 面积明显小于第（1）组 MACD 面积，故第（2）段下跌相比于第（1）段下跌出现了下跌力度衰竭，大盘可能在此位置出现真正底部。这样在 1949.46 点这个位置同时出现了周线和日线两个级别的底部共振，但审慎起见，应再观察一下日线第（2）组（从 2123.32 点到 1949.46 点）对应的 60 分钟图。

　　图 5 - 12 是上证指数日线第（2）组对应的 60 分钟图，从 60 分钟看到该处共有 4 组下跌，第④组（从 1988.15 点到 1949.53 点）MACD 相对于第③组出现明显的背驰，即第④组出现下跌力度衰竭，该下降趋势在此位置即 1949.46 点出现终结。此时，大盘在周线、日线、60 分钟图同时出现了下跌背驰共振。

　　本着深究其理的精神，我们把 60 分钟第④组下跌（从 1988.15 点到 1949.53 点）对应的 5 分钟图上的走势研究一下。

　　从图 5 - 13 上证指数这幅 5 分钟图上看，5 分钟图第 c 组下跌相比第 b 组明显出现力度衰竭，故 5 分钟图就有可能在 1949 点终结下跌趋势。

　　经过上述分析我们发现，在 1949 点同时出现了周线、日线、60 分钟、5 分钟四个级别的底部下跌力度背驰，故我们称大盘在 1949 点出现底背离共振。

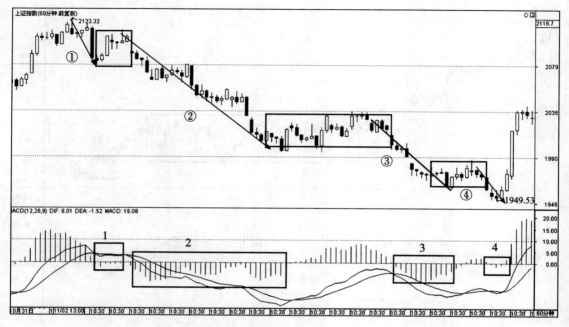

图 5 - 12　上证指数（999999）2012 年 11 月 5 日—12 月 4 日 60 分钟图

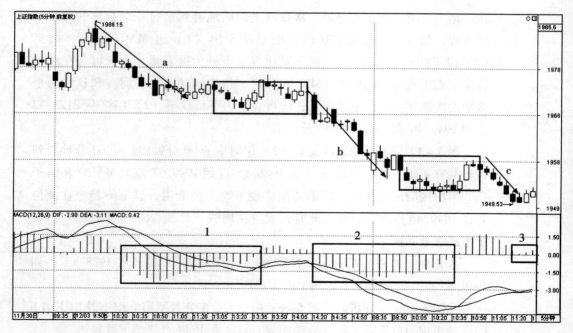

图 5 - 13　上证指数（999999）2012 年 12 月 3 日—4 日 5 分钟图

底背离共振是多级别联合分析的运用，对技术能力要求比较高，底背离共振产生后往往反弹力道极其强劲，这被历史证明了无数次，实战中胜算率也非常大。

限于篇幅，关于组、趋势概念的再分辨将在《赢家之道》后续系列图书中做进一步详细阐述。

第三节　底部与反弹力度

【概念辨析】底部与反弹力度（级别）

如图 5－14 所示，底部发生在不同的位置，其反弹力度会明显不同。发生在 A 点，其反弹仅仅是一组 K 线，到 E 点就结束了，相当于波浪理论的四浪反弹。但由于 B 点发生在下跌趋势背驰位置，所以其后的反弹很可能走出一个新的上涨趋势，B 点的反

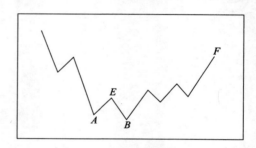

图 5－14　底部与级别

弹多数会走到 F 点。究其原因，A 点发生在股价的主跌段，而 B 点发生在股价背驰段，所以 A、B 两点反弹的力度和级别是明显不同的。

【实战案例】

1. 同仁堂（600085）。

如图 5－15 所示，从同仁堂这个周线下跌趋势看，是由两个盘整和三个下跌组构成的，其中 A 点是下跌主跌段位置，其后只是反弹一组 K 线至 E 点，而 B 点是整个下降趋势的末端（即背驰组），所以其后反弹走出了上涨趋势，到了 F 点，但还远未终结。

2. 股指期货。

需要说明的是，这种分析方法不但适合股票，而且可用于期货、外汇、

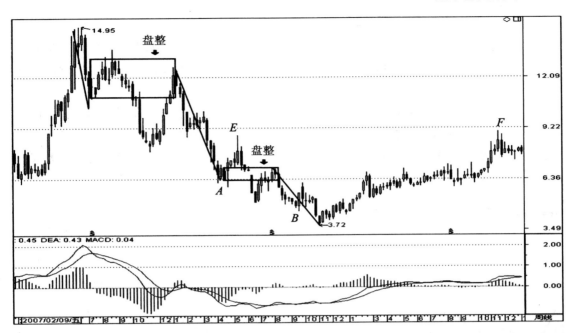

图 5 - 15　同仁堂（600085）2007 年 6 月至 2008 年 11 月周线图

债券等金融市场的分析。图 5 - 16 所示为股指期货周线图，道理和案例 1
是一样的，只是写稿时图中 F 点还没走出来。

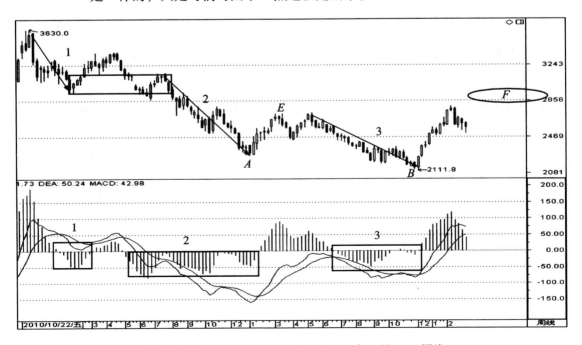

图 5 - 16　股指期货 2010 年 11 月—2013 年 3 月 16 日周线

3. 澳元/美元汇率。

结合上述两个案例，这个案例走势分析本身并无太大的难度，到目前为止图中 F 点还没走完，图形走势也符合万物生长规律，有新生，有昌盛，也有衰弱终结，其后又是一个轮回，见图 5 - 17。

关于趋势和结构的深层次解析笔者将在下一本书里和朋友们交流，这里篇幅所限不能——细说。趋势、结构和波浪理论不是一回事，笔者认为波浪理论有致命的缺陷。关于这一点会在《赢家之道》后续作品会和大家做进一步交流。

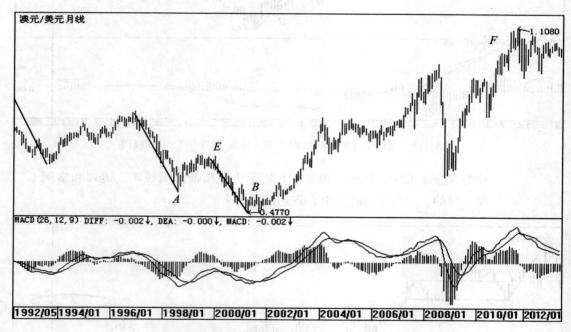

图 5 - 17　澳元/美元汇率 1992—2013 年月线走势

第四节　底部趋势破坏

【名词解释】底部趋势破坏

所谓底部趋势破坏，见图 5 - 18 和图 5 - 19。如果 AB 属于 OB 下降趋势的背驰段，自 B 点开始的反弹破坏了下降趋势最后一跌的高点 A 点，即 C 点价位高于 A 点价位，那么我们称 BC 完成了对 OB 下降趋势的破坏，随后自 B 点开始的反弹将大概率走出新的同 OB 下跌同级别的上涨趋势 BO_1。

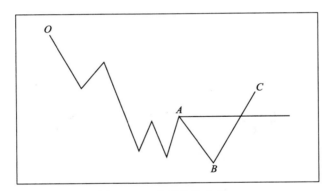

图 5 - 18　底部趋势破坏一

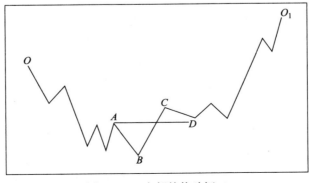

图 5 - 19　底部趋势破坏二

底部趋势破坏的技术释义：图中 A 点是 OB 下降趋势的最后一个高点，是空方的最前沿阵地，由于被套的时间最短、幅度最小，所以股价一旦反弹到 A 点，空方卖出的想法最坚决、在 A 点的抛压最重。一旦多头解放了 A 点套牢盘，空方前沿阵地即宣告失守，随后空方将会土崩瓦解。

【实战案例】

1. 网宿科技（300017）。

如图 5 – 20 所示，由 MACD 可看出，AB_1 相比于 OE，是明显下跌背驰的，从抄底角度看 B_1 是可以介入的，但随后自 B_1 点开始的反弹无论是 C_1 点还是 C_2 点都无法破坏最后一跌的高点 A，所以从 B_1 点开始的反弹注定了无法走出新的上涨趋势。

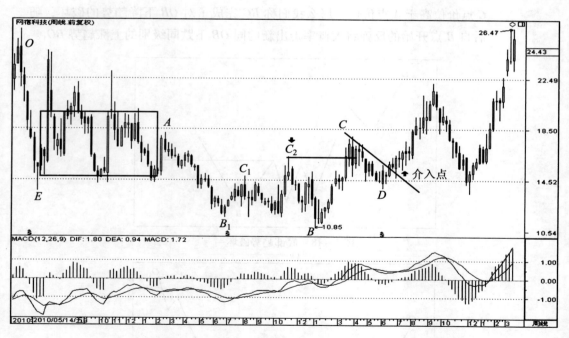

图 5 – 20　网宿科技（300017）2010 年 4 月—2013 年 3 月周线

该股随后自 C_2 点开始回落，股价跌至 B 点处创新低，C_2B 和 AB_1 通过 MACD 绿柱面积相比又是背驰，所以 B 点也是抄底点，且 B 点开始的反弹至 C 点时已经升破了最后一跌的高点 C_2，完成了对下降趋势 OB 的终极破坏，整个下降趋势 OB 宣告终结，自 B 点开始的反弹将大概率走出上涨趋势，股价回落到 D 点是个介入点。当然，股价越过 CD 的下降趋势线将构成最稳健的买点，这是真正能渡中小投资者到成功彼岸的买点。

2. 东方集团（600811）。

如图 5-21 所示，对东方集团的分析跟案例 1 相同。图中从 B_1 开始反弹的高点没有超过 A_1 是其没能完成反转的关键，从 B 点开始反弹到 C 点并破坏 C_2 是走出上涨趋势的根本原因。对散户投资者来说，只有 C 点完成底部趋势破坏后才值得介入，图中的"介入点"正是"渡你到成功彼岸的小舟"。操作的灵魂是重势不重价，对普通散户来说，这"小舟"的价值远大于 B 点，因为它更省时，成功率更高。

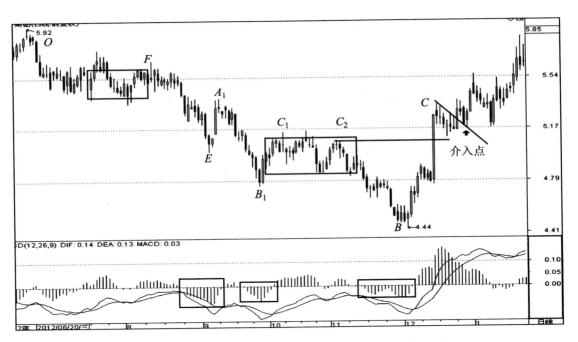

图 5-21　东方集团（600811），2012 年 6 月—2013 年 3 月

3. 浙江东日（600113）。

图 5-22 所示为浙江东日的周线图，请读者朋友结合上述两个案例自己分析一下。需要强调的是，周线上的这个最佳"介入点"远比日线更重要，其后上涨级别更大，上涨时间更长。当然，这个方法也适合期货、外汇、债券等金融市场分析。

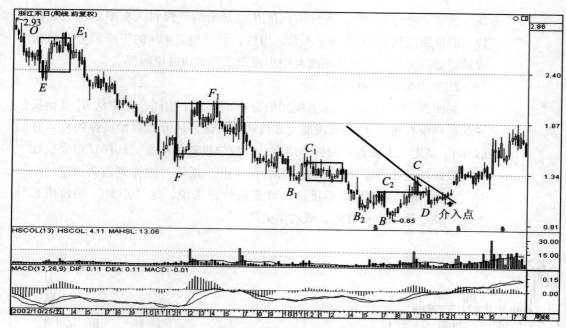

图 5 – 22　浙江东日（600113）2002 年 2 月—2005 年 12 月周线

第六章

顶部 K 线形态

　　本章将介绍九种经典的顶部 K 线形态，从 K 线的量能、结构、分时等层面逐一揭示顶部形态隐藏的密码。寓意深刻于"简单"之中，本章的内容将升华这些经典。工欲善其事，必先利其器。希望朋友们都能脚踏实地地打好自己的基础。

第一节 黄昏之星

【名词解释】黄昏之星

如图 6 – 1 所示，黄昏之星是由三根 K 线组成的，左侧的是一根实体较长的阳线，中间的是一根实体较小的星线（包括十字星、小阴线、小阳线），右侧的是一根实体较长的阴线，原则上要求中间的星线实体要和左侧的阳线实体有价格跳空，即此二者实体之间不能重合，右侧的阴线只要比中间的星线重心明显下移即可。黄昏之星（即天文学中所说的金星）是夜幕降临时才出现，因此此形态通常的意义是看跌的。需说明的是，这里实体是指 K 线收盘价和开盘价之间的部分，不包括上、下影线。

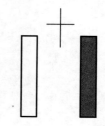

图 6 – 1 黄昏之星形态

【实战精要】

（1）在黄昏之星形态中，右侧的阴线插入左侧阳线的程度越深，顶部反转的程度越强烈。

（2）黄昏之星形态出现，通常会伴随成交量急剧放大。

（3）在黄昏之星 K 线分时中，往往会出现钓鱼波、诱多波等顶部分时波形，具体介绍详见第八章。

【实战案例】

1. 电广传媒（000917）。

如图 6-2 所示，电广传媒出现了明显的高位放量，黄昏之星形态出现，而且跌破短期支撑线，实战中一般可谨慎处理，先适量减仓观望一下会使自己处于一个主动的位置。

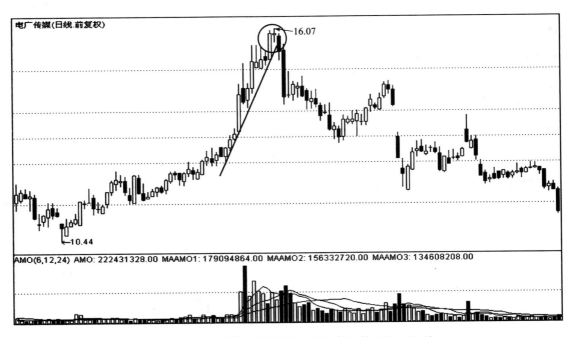

图 6-2　电广传媒（000917），2012 年 3 月 9 日—13 日

2. 美元指数。

图 6-3 所示为美元指数 2009 年 2 月周线图，从 MACD 看该指数已处于背驰位置，黄昏之星形态出现而且跌破短期支撑线，随后该指数出现了一轮明显的下跌，此时嗅觉灵敏的投资者可适当建立黄金等多头头寸。商品期货跟美元指数大体上呈负相关关系，事实上 2009 年 2 月以后，国际金价走出了翻倍行情（图 6-4），这也是重要的盲点套利技巧之一。

图6-3　美元指数2009年2月周线

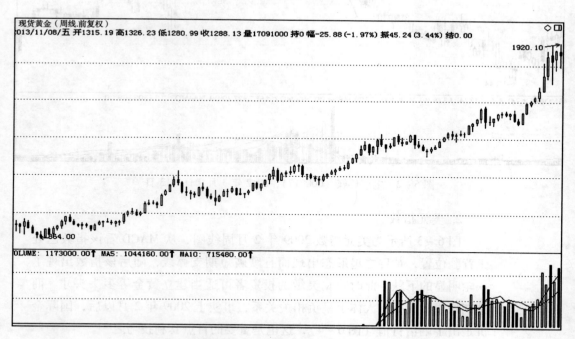

图6-4　国际黄金价格2009年2月—2011年8月周线

3. 美元/瑞士法郎。

图 6-5 所示为外汇市场美元/瑞士法郎（简称"美汇瑞士"）走势图，上涨趋势至图中黄昏之星见顶后，美汇瑞士一路走跌，美元与其他国家的外汇走势也大体如此，美元贬值持续了很长时间，而且至今还在继续；国际大宗商品走势则恰好相反。

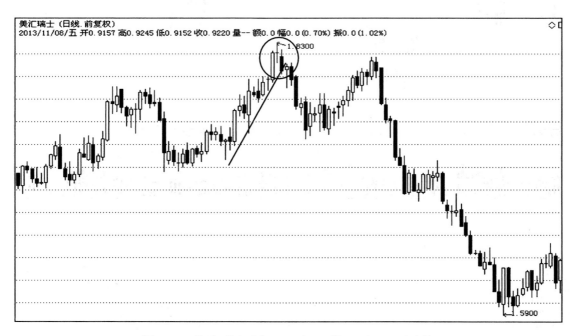

图 6-5　美元/瑞士法郎 2000 年 10 月 25 日—27 日走势

4. 上海凯宝（300039）。

如图 6-6 所示，上海凯宝顶部也是个标准的黄昏之星形态，这里留给读者朋友自己分析。需要说明的是，通常情况下左侧的大阳线的分时会出现顶部波形。该股 8 月 5 日分时就是个诱多波形，而 8 月 7 日大阴线是个地道的杀跌波形，顶部结构配之微观的顶部分时波形，实战中判断起来就更有把握些，见图 6-7 和图 6-8。关于顶部分时波形知识详见第八章。

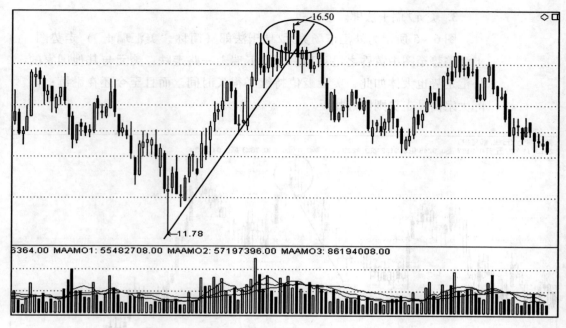

图6-6　上海凯宝（300039），2013年8月5日—7日

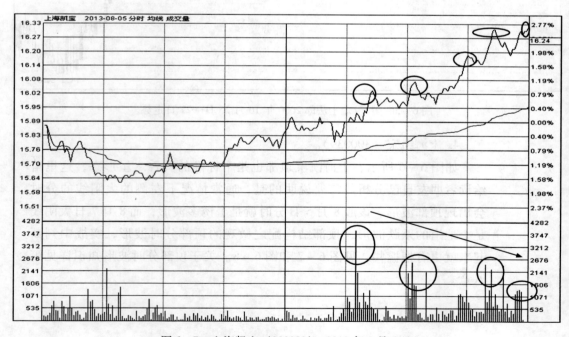

图6-7　上海凯宝（300039），2013年8月5日

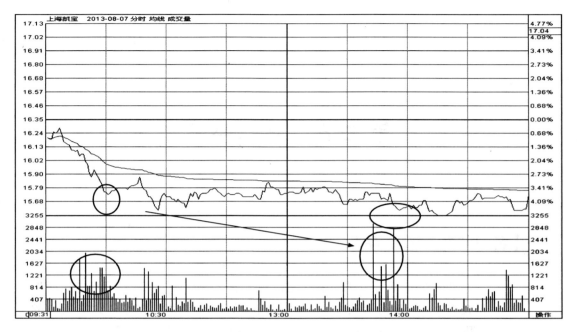

图 6 - 8　上海凯宝（300039），2013 年 8 月 7 日

<h1 style="text-align:center">第二节　看跌吞没</h1>

【名词解释】看跌吞没

如图6-9所示,看跌吞没与黄昏之星有所不同,看跌吞没形态由两根K线组成,后面的阴线实体盖住了前面的阳线实体,即通常大家所说的"阴抱阳"。需要说明的是,这种形态一般要求后面的阴线股价要创出新高,即高于前面阳线的最高价。

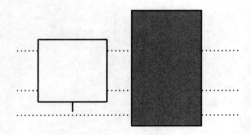

图6-9　看跌吞没形态

如果说在一轮上涨趋势中出现了小阴、小阳或十字星类的星线意味着多方攻击受阻,那么出现看跌吞没形态,趋势反转的意味更强;由于后面的阴线实体吞没了阳线实体的所有成果,这说明空方给了多方当头一棒,原有的上涨趋势通常会被逆转。

【实战精要】

(1)看跌吞没形态是顶部反转力度最强的一种K线形态,通常伴随着巨量成交和高位大换手。

（2）看跌吞没形态两根K线分时通常会呈现出顶部分时波形，详见第八章。

（3）看跌吞没形态通常伴随着次级别或本级别走势的上涨背驰，详见第九章。

【实战案例】

1. 浪潮软件（600756）。

如图6-10所示，2009年4月，浪潮软件经过连续大幅拉升后，以一个经典的看跌吞没形态结束行情，这个看跌吞没形态成交量巨大，特别是右侧的阴线更是天量换手，而这个阴线的分时更是主力常见的出货形态（图6-11），早盘钓鱼波拉升，随后全天处于明显无序的散乱波形走势，出现明显的杀跌量堆，实战中这种走势必须得防一手。

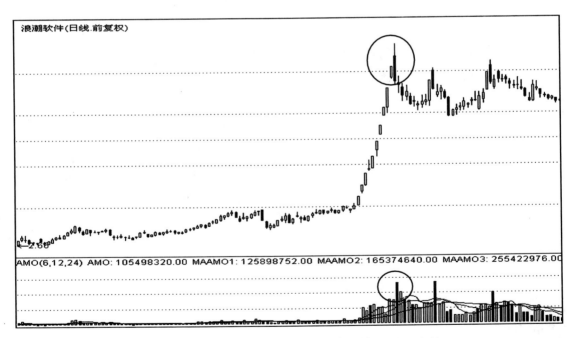

图6-10　浪潮软件（600756），2009年4月17日—20日

2. 金浦钛业（000545）。

金浦钛业，原名吉林药业，多次重组后终于成功。图6-12所示是该股重组后的走势，这个看跌吞没形态除了高位放量大换手外，其形态的大

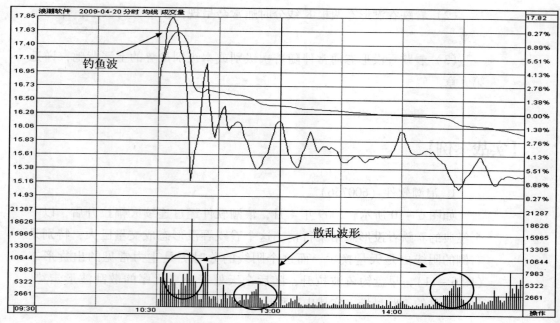

图 6－11　浪潮软件（600756），2009 年 4 月 20 日

阴线是非常有特点的，而且极具视觉冲击下的长阴实体效果。该股当日分时走势也非常有特点，全天基本压盘出货，而反弹皆是无量反弹，主力派发迹象明显，见图 6－13。

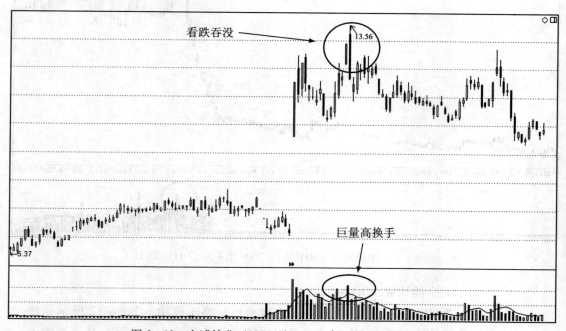

图 6－12　金浦钛业（000545），2013 年 8 月 15 日—16 日

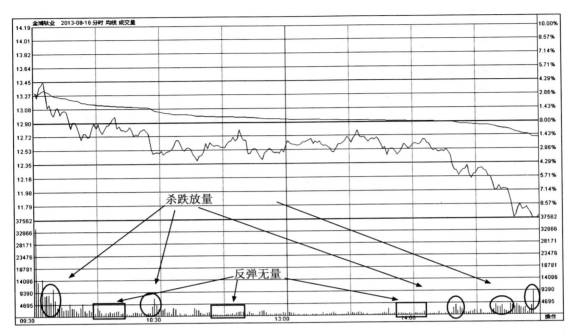

图 6 – 13　金浦钛业（000545），2013 年 8 月 16 日

3. 哈药股份（600664）。

笔者在图 6 – 14 ~ 图 6 – 16 中已对哈药股份的分析点做了标注，此处留

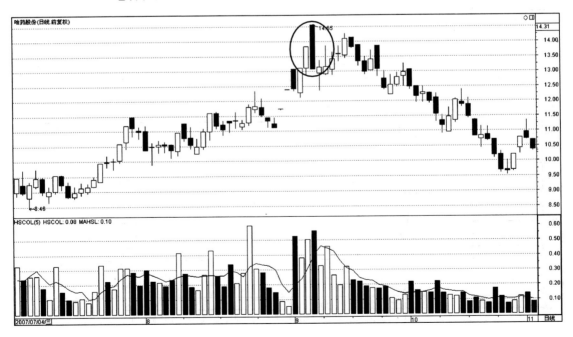

图 6 – 14　哈药股份（600664），2007 年 9 月 5 日—7 日

给读者朋友们自己分析。另外需要说明的是，看跌吞没形态在期货汇率市场有更广泛的运用，并在月线、周线、60分钟、30分钟等级别同样适用。

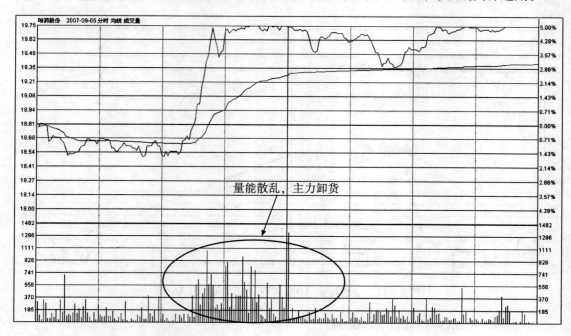

图6-15　哈药股份（600664），2007年9月5日

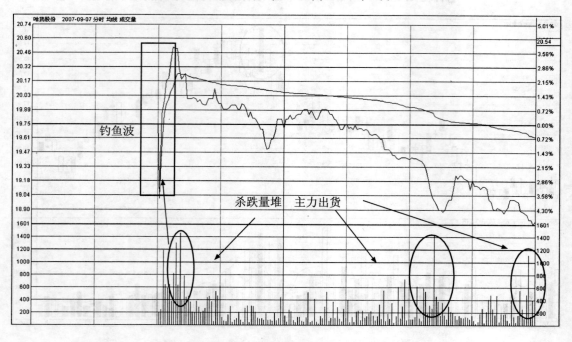

图6-16　哈药股份（600664），2007年9月7日

第三节　乌云盖顶

【名词解释】乌云盖顶

如图 6－17 所示，乌云盖顶和看跌吞没形态很相似，也由两根 K 线组成，技术上要求后面的阴线要创出价格新高，并且阴线实体要扎入阳线实体内部，扎入的程度越深则顶部反转的可能性越大。与看跌吞没形态不同的是，乌云盖顶不要求后面的阴线吞没前面的阳线实体，但阴线实体至少要扎入阳线实体超过 1/2 以上才能看作乌云盖顶形态。

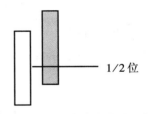

图 6－17　乌云盖顶形态

【实战精要】

（1）乌云盖顶反转形态力度较弱，实战中要结合其他技术方法来综合研判。

（2）乌云盖顶 K 线成交量会相对放大，而且 K 线实体振幅较大，具有一定的视觉冲击力。

（3）左侧的阳线及右侧的阴线分时会出现顶部分时波形，详见第八章。

【实战案例】

1. 欧菲光（002456）。

如图 6－18 所示，乌云盖顶实际上是一个重要的头部，比后面出现的

那个更高点的头部还重要，该形态右侧大阴线实体成交量巨大；从分时盘口看，当日午盘后出现了杀跌波形（图6-19），其实这只是个中长期出货的一个预演，由于主力介入较深，后面该股高位盘旋了很长时间，还构造出双头形态。

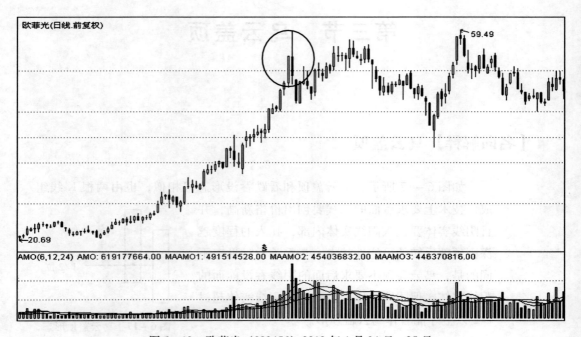

图6-18 欧菲光（002456）2013年4月24日—25日

2. 西王食品（000639）。

如图6-20所示，该股出现了两个乌云盖顶形态，显然第二个乌云盖顶形态更严重，其发生在股价走势背驰位置，从图上看MACD连翻红的能力都没有，所以实战中第二处跌破短期支撑线时要先做大幅减仓处理，拿不准时先按最坏的预期来对待。

3. 星网锐捷（002396）。

星网锐捷就留给读者自己分析吧，关键处笔者已在图6-21和图6-22中标明。另外大家要结合自己的软件好好看看分时图，软件分时多空有颜色区分，对主力意图会有更确切的体验。

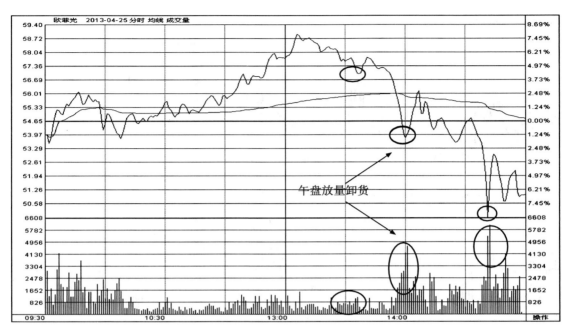

图 6-19 欧菲光（002456），2013 年 4 月 25 日

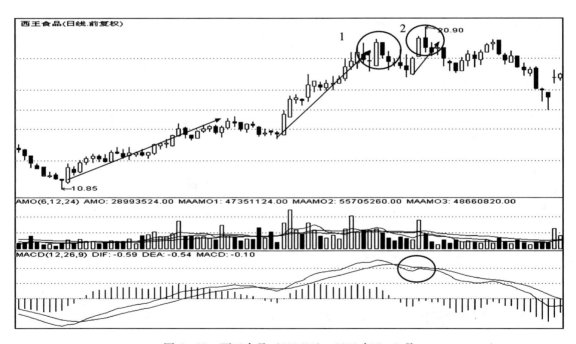

图 6-20 西王食品（000639），2013 年 2—3 月

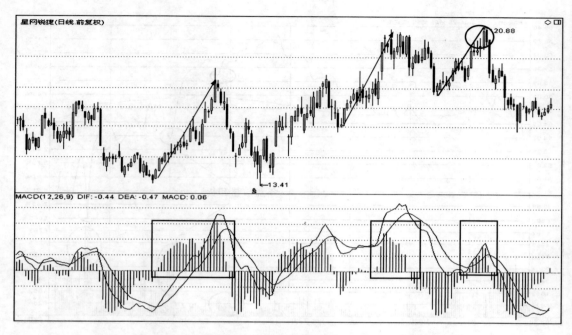

图 6 – 21　星网锐捷 (002396)，2013 年 10 月 14 日—15 日

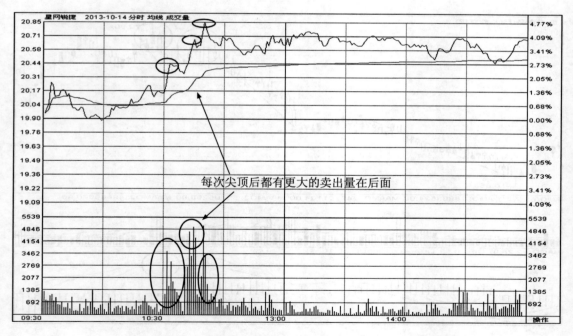

图 6 – 22　星网锐捷 (002396)，2013 年 10 月 14 日

第四节　上吊线

【名词解释】上吊线

如图 6－23 所示，上吊线形象的说法——很像人上吊自杀时的情形，即 K 线的实体代表人的头部，长长的下影线代表人的腿部或者是长长的躯体，听起来很恐怖，这是因为在上涨趋势中一旦出现此 K 线形态，通常很可能意味着多头行情的终结。

上吊线表示多方在当天受到了空方的打击，经过激战虽然最后多方收复失地，但长长的下影线是筹码兑现造成的，这意味着获利筹码的松动，多头内部阵营开始出现瓦解，上涨的合力已经疲弱至极，后市一旦空方反攻起来，好行情随时可能因为获利盘兑现而被终结。

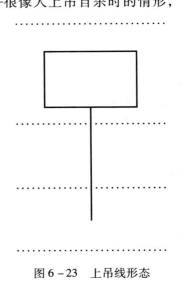

图 6－23　上吊线形态

【实战精要】

（1）上吊线反转力度较弱意味着行情有可能反弹，但并不表示一定会立即反转，必须和其他技术分析方法综合使用。

（2）上吊线当日成交量一般较大，它应该是放量高换手的而非缩量的。

（3）上吊线出现后股价跌破短期支撑线时要做减仓处理。

（4）上吊线分时盘口一般会呈现出放量下杀、无量反弹的态势。

【实战案例】

1. 中创信测（600485）。

如图 6 - 24 所示，中创信测因资产重组使股价出现了 12 个涨停。随后，对于 2013 年 10 月 22 日这根上吊线，成交放出巨量暂且不说，从分时看也呈现出下杀放量而反弹无量的态势（图 6 - 25），这都是比较危险的信号，所以当股价次日跌破短期上涨支撑线时可先砍掉手中 2/3 的筹码。

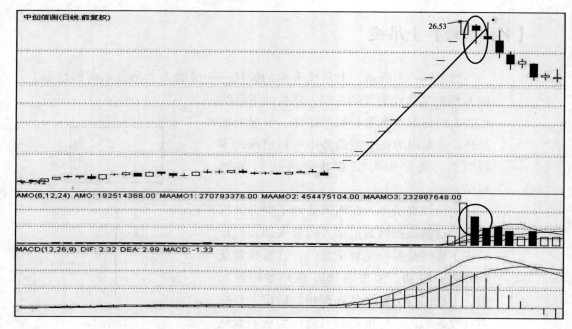

图 6 - 24　中创信测（600485），2013 年 10 月 22 日

2. 上证指数（999999）。

如图 6 - 26 所示，上证指数 2009 年头部也是巨量对应的上吊线，但略有不同的是，该指数已经处于明显的上涨背驰段，最后第三组上涨其对应的 MACD 甚至无力翻红，黄白线也出现了背驰，这就是技术分析中的双背，股价跌破"3"处支撑线时应减仓。

3. 中视传媒（600088）。

如图 6 - 27 和图 6 - 28 所示，该案例的关键处笔者已做了标注，就留给读者自己分析好了。需要强调是，上吊线分时盘口是个要点，如果分时是缩量下杀而放量反弹，那此时的上吊线可能是个金针探底或上涨中继。

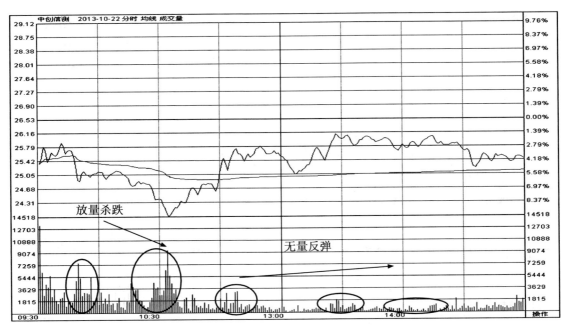

图 6 – 25　中创信测（600485）2013 年 10 月 22 日分时

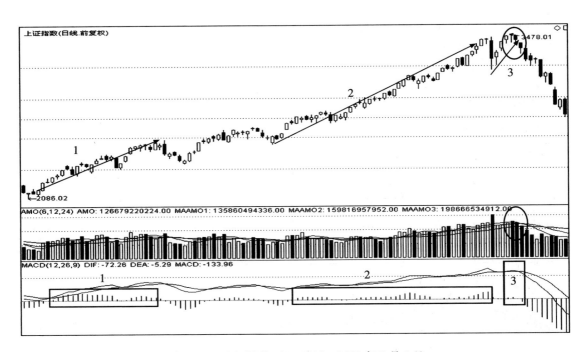

图 6 – 26　上证指数（999999），2009 年 8 月 4 日

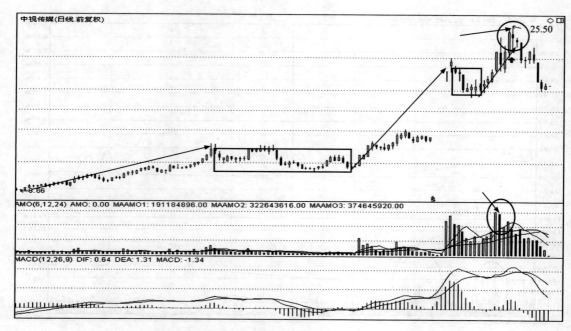

图6-27 中视传媒（600088），2013年10月8日

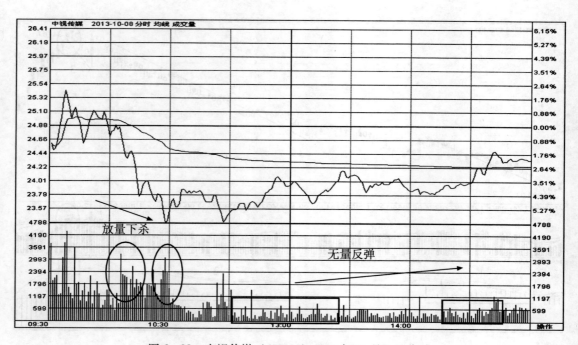

图6-28 中视传媒（600088）2013年10月8日分时

第五节　射击之星

【名词解释】射击之星

　　射击之星又称流星线，如图 6－29 所示，通常要求要有很长的上影线，没有下影线或者下影线极小，实体是阴是阳不重要，下面的带有阴线小实体 K 线也应当视作流星线。

　　射击之星的技术内涵非常明显，长长的上影线意味着攻击受阻，多方被空方逼退回开盘价即全天最低价附近。若在一轮上涨行情中出现此形态，则说明多头行情穷途末路。

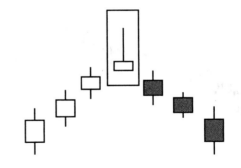

图 6－29　射击之星形态

【实战精要】

　　（1）射击之星作为单根 K 线，其反转力度较弱，必须结合其他技术方法来一同分析。

　　（2）射击之星当日一般成交量会明显放大。

　　（3）射击之星分时走势具有较为明显的特征，通常是主力早盘通过几笔大单对敲或对倒拉升后，这种拉升持续时间很短，通常在 20 分钟之内结束，然后全天大部分时间都处于出货状态。

【实战案例】

1. 东方市场（000301）。

如图6－30所示，图中这根巨量射击之星分外耀眼，如果只看K线，是否能断定它是见顶信号还是仙人指路？这无从判断，如果仔细观察分时图则一目了然，如图6－31所示。该股当日两次拉升都是无量之态，但两次拉升后的杀跌都是巨量出货之势，司马昭之心昭然若揭。

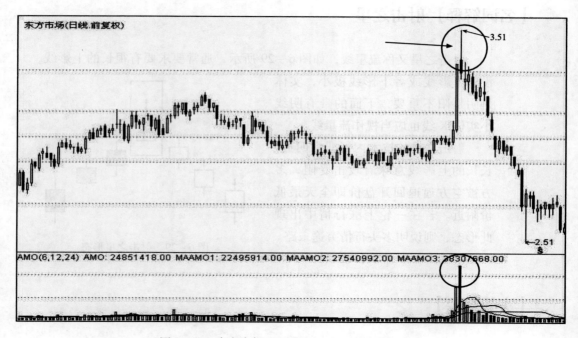

图6－30　东方市场（000301），2013年5月28日

2. 科林环保（002499）。

如图6－32所示，图中这根射击之星K线是被从涨停板上击落下来的，分时空头力量强大（图6－33），而且全天成交量属于天量范畴，实战中适当谨慎是必要的。另外这里给大多数技术派高手提个醒，主力出货是个时空范畴，而不仅仅是个点，比如该股，多空在早盘能上相比差不多，但全天剩余时间都被空头主宰，而出货是平均量和时间的乘积。

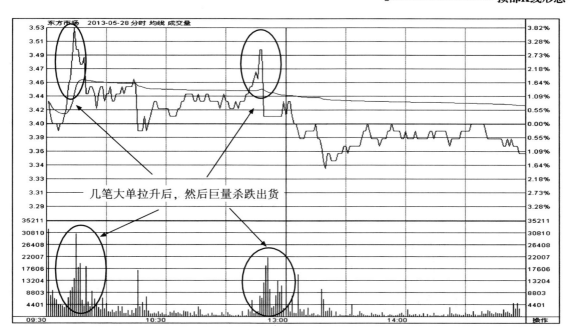

图 6 - 31　东方市场（000301）2013 年 5 月 28 日分时

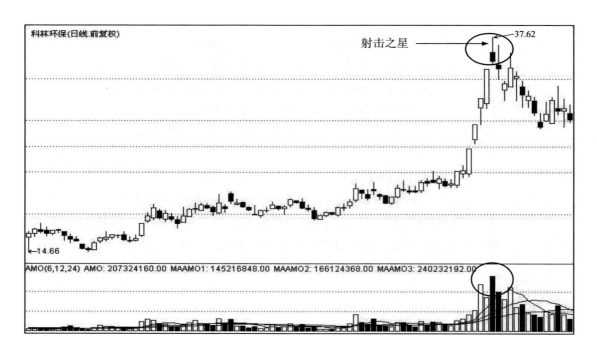

图 6 - 32　科林环保（002499），2013 年 10 月 22 日

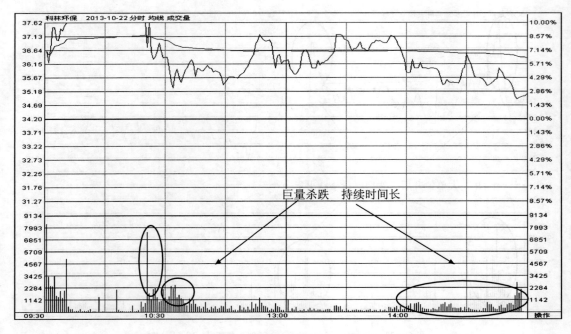

图6-33　科林环保（002499）2013年10月22日分时

3. 包钢稀土（600111）。

如图6-34所示，包钢稀土在图中的走势为三个盘整和四波拉升，最后一波拉升已经处于走势背驰段，此时出现射击之星恐凶多吉少。从图6-35分时来看，早盘半小时拉伸后全天都处于出货状态，这个盘口非常经典，在很多案例股顶部分时中出现频率极高。这里有个要点，那就是分时全天大多时间运行在分时均价线之下，这就是说主力当天要套牢大部分人。

4. 巨化股份（600160）。

如图6-36和图6-37所示，该案例的关键处笔者已在图中标注，具体分析就留给读者自己吧。需要指出的是，对这种经典盘口要特别留意，股市中哪有新鲜事，这种盘口在顶部分时中出现的频率也极高。

图 6 - 34 包钢稀土（600111），2013 年 6 月 1 日

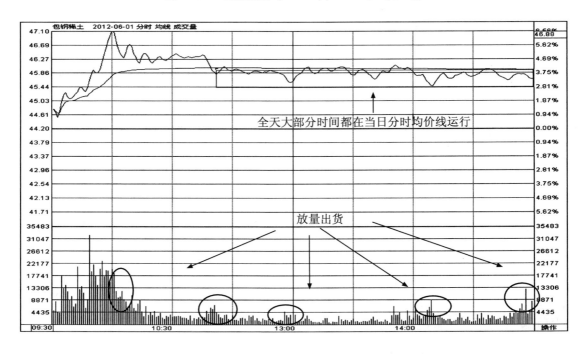

图 6 - 35 包钢稀土（600111）2013 年 6 月 1 日分时

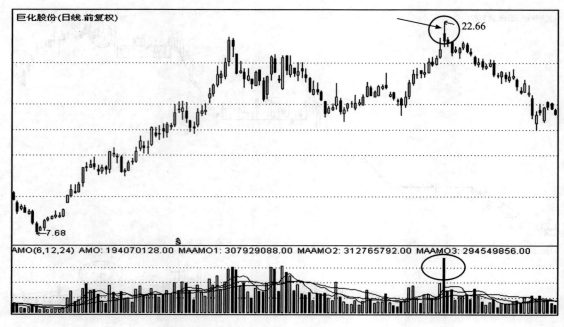

图 6-36 巨化股份（600160），2011 年 7 月 6 日

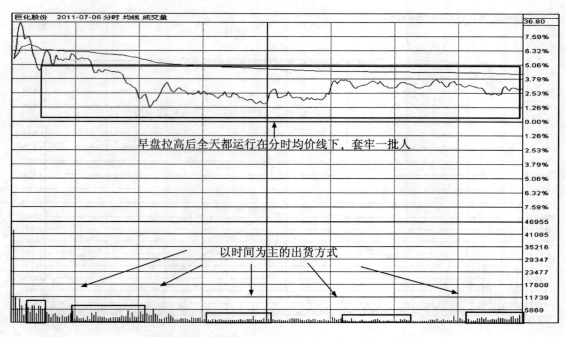

图 6-37 巨化股份（600160）2011 年 7 月 6 日分时

第六节　熊市孕育

【名词解释】熊市孕育

在一轮上升趋势中，某根大阳线后出现了一根小 K 线，小 K 线是阴是阳皆可，并且要求小 K 线位于阳线实体之内，在视觉上像阳线实体包住了小 K 线，看起来好像女人怀孕一样。这根小 K 线破坏作用比较大，很容易使进行中的牛市中断，从而使股价由牛转熊陷入调整之中，所以称它为熊市孕育形态，见图 6－38。

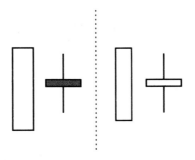

图 6－38　熊市孕育形态

在一轮上涨趋势中出现熊市孕育形态应该引起足够重视，阳线实体内的小 K 线毁掉了阳线实体的成果，由于股价没能创新高，就意味着多方的攻击受阻，因此后市比较容易使股价陷入调整之中。

【实战精要】

（1）小 K 线实体必须完全位于左侧阳线实体之内，小 K 线股价波动范

围必须全部位于阳线实体波动范围内。

（2）熊市孕育形态的反转力度比较弱，必须结合其他技术条件一同研判。

（3）熊市孕育形态两根 K 线会出现一定的顶部分时结构，详见第八章。

【实战案例】

1. 顺网科技（300113）。

如图 6－39 所示，顺网科技这个头部有点儿意思，除了熊市孕育形态之外，该股走势还处在第三波拉升，从 MACD 能清楚地看到其已经处于背驰走势段，所以这里一旦背驰就有可能转变为下跌趋势。另外就是该股大阳线分时（图 6－40）很明显的是个无量拉升，这表明主力已经无心做盘，只是为后面的下跌预留下足够的空间。

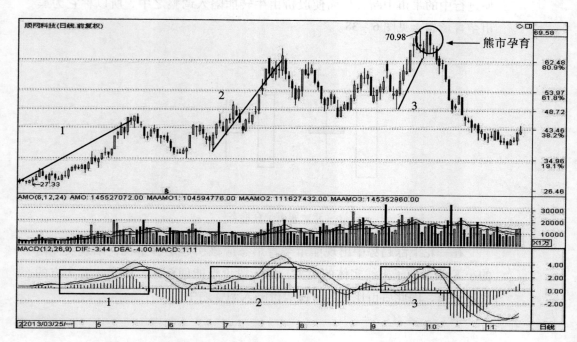

图 6－39　顺网科技（300113），2013 年 9 月 30 日和 2013 年 10 月 8 日

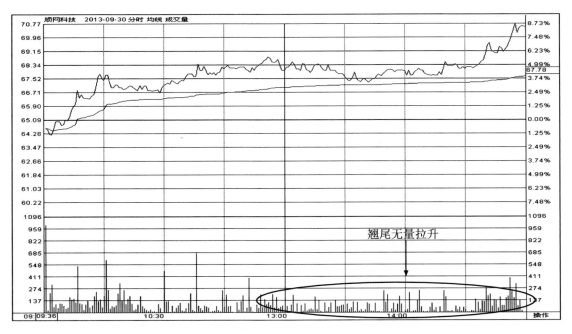

图 6 - 40　顺网科技（300113）2013 年 9 月 30 日分时

2. 基金银丰（500058）。

如图 6 - 41 所示，基金银丰属于盘上趋势，最后一波拉升除了出现熊

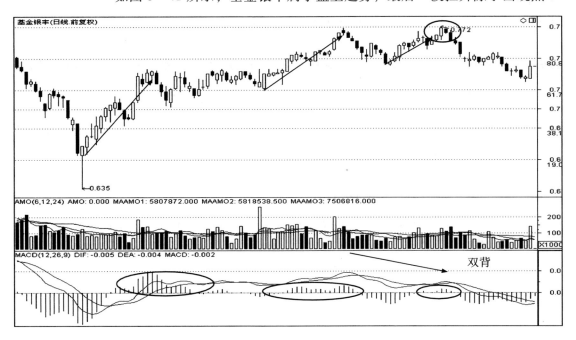

图 6 - 41　基金银丰（500058），2013 年 10 月 21—22 日

市孕育形态外，MACD 也出现了双背驰，说明这个趋势大概率已经运行结束。这里需要注意的是，封闭式基金对普通中小投资者是个较好的选择，从一般的历史经验来看，封闭式基金由于无赎回压力，所以无论大盘怎么样这些基金 90% 都一直处于屡创历史新高的走势中。

3. 长江通信（600345）。

如图 6 - 42 所示，长江通信在 2009 年 12 月初出现了熊市孕育形态，但这里跟上述案例有所不同，此股虽有三波拉升，但最后这一波从 MACD 看并不背驰，所以其后的调整可能没那么严重，这也是实盘时读者朋友需要注意的地方。

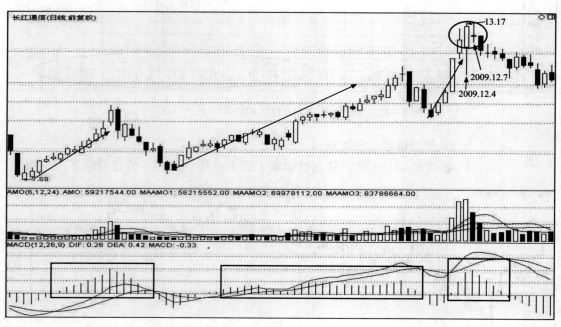

图 6 - 42　长江通信（600345），2009 年 12 月 4 日和 2019 年 12 月 7 日

4. 平安银行（000001）。

如图 6 - 43 所示，平安银行 2009 年的头部呈现熊市孕育形态，图中关键处笔者已做了标记，留给读者朋友自己分析好了。

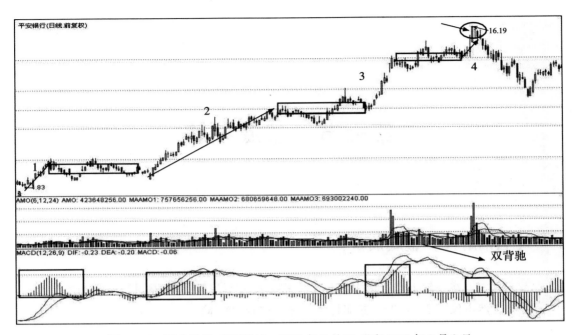

图 6 - 43　平安银行（000001），2009 年 7 月 30 日和 2009 年 8 月 3 日

第七节　釜底抽薪

【名词解释】釜底抽薪

　　在一轮上涨行情中出现了一根阳线随后紧跟着一根阴线，阴线实体虽然不像看跌吞没形态那样吞掉整个阳线实体，但毁掉了阳线的底部，即吞噬了阳线的所有成果，很像从大锅下面燃烧的火中取走了所有的燃材，大火熄灭，锅里的水自然也就停止沸腾，故取名釜底抽薪，见图6-44。从形态上看，前根阳线追涨者悉数被套，热情高涨的投资者失

图6-44　釜底抽薪形态

望至极、愤怒至极，第二天所做的事情就是割肉离场，伴随着大量的抛售，行情就有可能出现顶部反转。

　　釜底抽薪形态体现了主力操盘手段的阴险残酷，基本不给前日追涨者任何逃跑的机会，通常是获利丰厚的主力嗅到了市场潜在的风险而仓皇出逃所致，后面常常伴随着快速的杀跌，所以在头部出现此种形态，问题就极其严重。投资者再遇到此种形态一定要谨慎，首先要做的就是大幅减仓。

【实战精要】

　　（1）釜底抽薪形态一般要求成交量要相对放大。

　　（2）釜底抽薪形态反转力度很强，一般高位处出现此形态要先做减仓处理。

　　（3）当釜底抽薪发生在本级别或低级别上涨背驰位置时，更需要果断减仓处理。

【实战案例】

1. 鲁信创投（600783）。

如图 6-45 所示，鲁信创投一个盘上趋势的背驰段出现了釜底抽薪形态。从 MACD 看，第二波上涨力度已经衰竭，且从图中看成交量属于天量范畴；5 月 27 日分时图更是出现了出货波形（详见第八章），主力遁逃无疑，跌停板上挂单卖出没商量，见图 6-46。

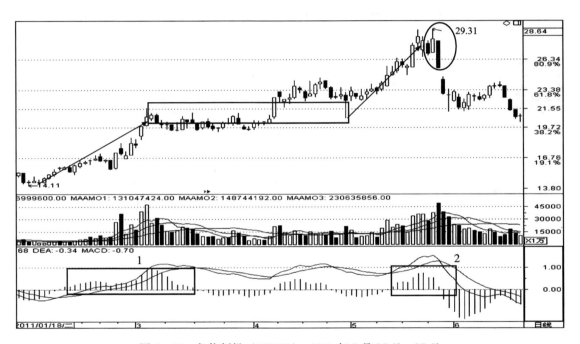

图 6-45　鲁信创投（600783），2011 年 5 月 26 日—27 日

2. 外高桥（600648）。

外高桥，上海自贸区龙头，2013 年最牛股票，图 6-47 中的釜底抽薪形态除了巨量外，其分时也很精彩，9 月 25 日涨停板巨量出货（图 6-48），26 日分时多空实力对比更加明显（图 6-49），每波涨跌分时成交量比约为 1:2，此种波形多半是下行趋势的开始。

3. 有研硅股（600648）。

如图 6-49 和图 6-50 所示，有研硅股 2007 年呈现历史大头，关键处笔者已经做了标示，留给读者朋友自己去揣摩吧。

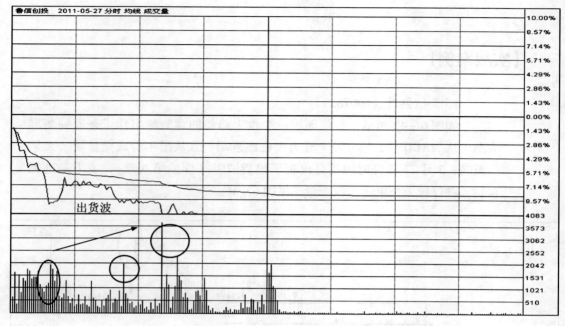

图 6 - 46　鲁信创投（600783）2011 年 5 月 27 日分时

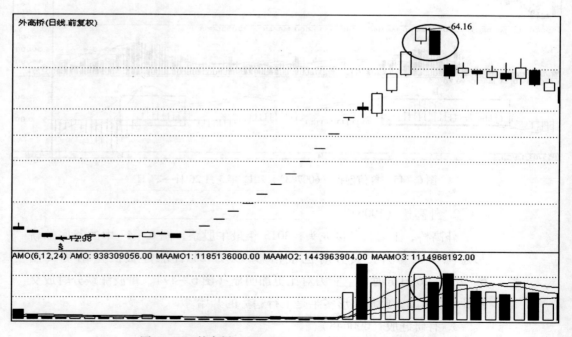

图 6 - 47　外高桥（600648），2013 年 9 月 25 日—26 日

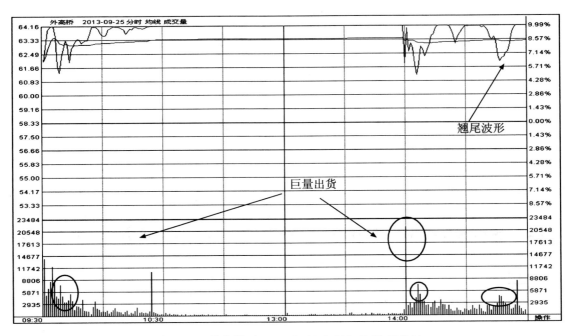

图 6-48　外高桥（600648）2013 年 9 月 25 日分时

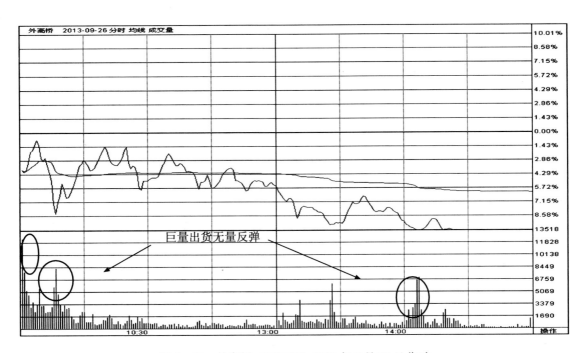

图 6-49　外高桥（600648）2013 年 9 月 26 日分时

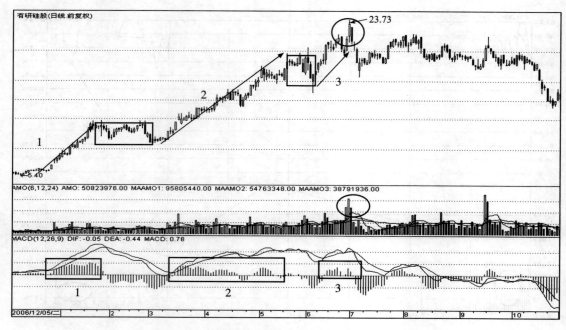

图6-50 有研硅股（600648），2007年7月2日—3日

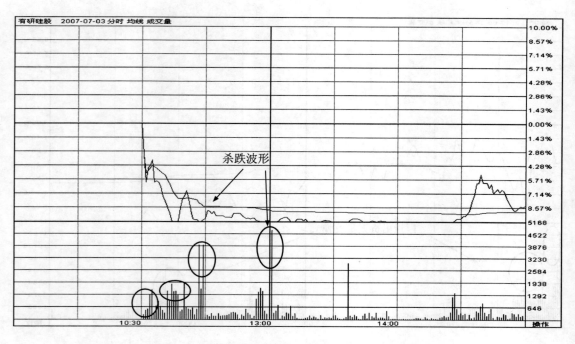

图6-51 有研硅股（600648）2007年7月3日分时

第八节　乌鸦

【名词解释】乌鸦

乌鸦形态包括两乌鸦形态和三乌鸦形态两种，如图 6－52 所示。在一轮上涨趋势中一根阳线后紧跟着两根、三根或多根阴线就好像在树上站着几只或一群乌鸦，在东方，乌鸦常意味着落魄、凄凉等不祥之兆，故取名"乌鸦形态"，此形态具有极强的看跌或趋势反转意味。

在上涨趋势中出现一根阴线代表着市场滞涨状态，空方取得短线胜利；随后出现第二根阴线说明空方势力加强，市场趋势行将反转；如果再出现第三根阴线则可以认为是对反转趋势的确认，新一轮下跌将可能由此开始。从上述分析中可以看到，无论两乌鸦形态还是三乌鸦形态，都是看跌信号，当然，三乌鸦形态在看跌的程度上要强于两乌鸦形态。

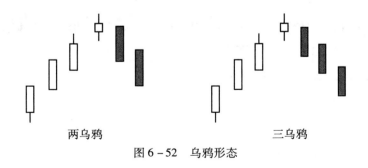

两乌鸦　　　　　　　　　三乌鸦

图 6－52　乌鸦形态

【实战精要】

（1）乌鸦形态 K 线实体一般要求较大，成交量也会相应放大。

（2）乌鸦形态 K 线分时会出现相应的顶部特征，详见第八章。

【实战案例】

1. 平安银行（000001）。

如图 6 - 53 所示，从平安银行 MACD 看已处于走势背驰段，此处出现三乌鸦形态就是个坏消息，成交量也出现放大，这就意味着上涨趋势可能已经终结，随后大概率要跟着一个下跌趋势。实盘时可能无法想那么远，但先减仓规避下当下风险还是可以做到的；如果你仔细观察，就知此处是五只乌鸦，可见空头是组团来忽悠了。

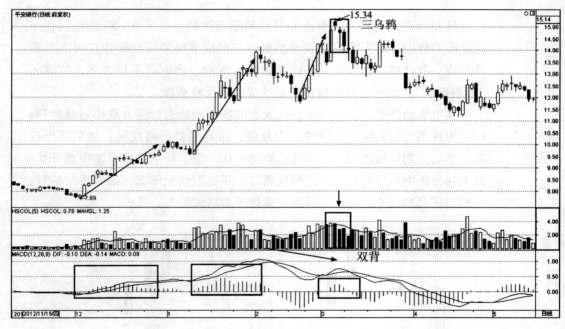

图 6 - 53　平安银行（000001），2013 年 3 月初

2. 维尔利（300190）。

如图 6 - 54 所示，维尔利于 2012 年 6 月、9 月、10 月出现了三个头部，其中"1"处是本级别背驰位置的三乌鸦形态，"2"处是次级别背驰位置出现的两乌鸦形态，"3"处是反抽位置的三乌鸦形态。在实战中，一般出现乌鸦形态时跌破短期支撑线要先做减仓处理。

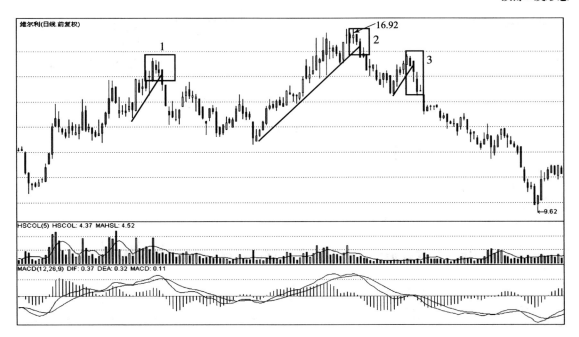

图 6 - 54 维尔利（300190），2012 年 6—11 月

3. 东力传动（002164）。

如图 6 - 55 所示，2009 年 5 月，东力传动在经过一轮颇为壮观的大幅上涨后以三乌鸦形态见顶，不过这次并不严重，从 MACD 看股价并没发生在背驰位置，所以后面大概率还有新高。从三乌鸦中最后一只乌鸦当日的分时看（图 6 - 56），是个明显的杀跌波形，主力有阶段性出货的嫌疑，东力传动的这次调整时间非常长，从 5 月一直调整到 11 月，其间大盘和其他个股异常"精彩"，持有此股的朋友估计内心备受煎熬，只能眼巴巴看别人赚钱了，都是"乌鸦"惹的祸啊！

4. 顺网科技（300113）。

如图 6 - 57 所示，顺网科技 2013 年 5 月、7 月、9 月的三个头部，都是三乌鸦形态，关键处笔者已做标注，就留给读者朋友自己分析好了。另外，这里必须要搞清楚减仓和清仓对应的股价位置，对该股来说，图中"3"处就是个较为严重的头部，是个可以考虑清仓的点。

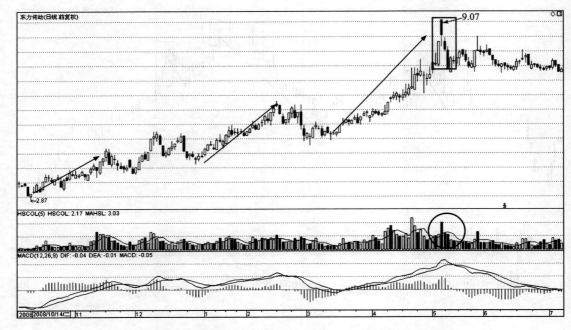

图6-55　东力传动（002164），2009年5月

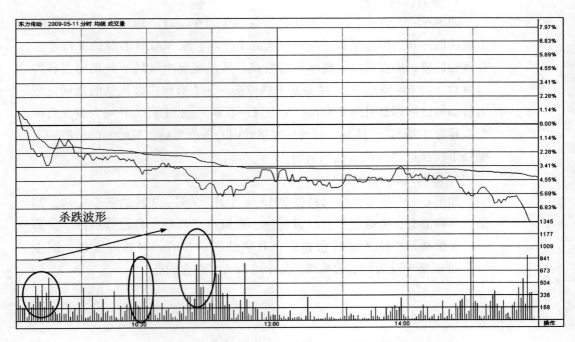

图6-56　东力传动（002164），2009年5月11日

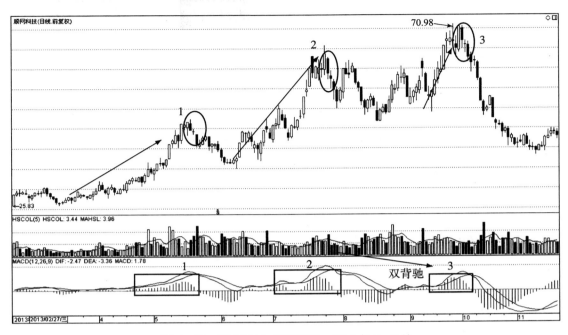

图6-57　顺网科技（300113），2013年5—9月

第九节　天量天价

【名词解释】天量天价

　　如图 6－58 所示，股价经过连续大幅拉升后往往会做最后一冲以完成最后的派发出货任务，最终以巨额的成交量结束上升格局，天量见天价处因此成为很多股票常见的顶部。

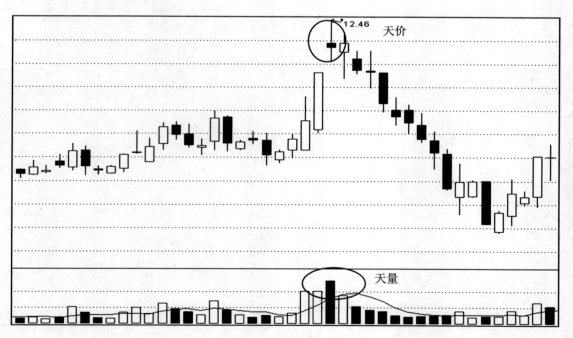

图 6－58　天量天价

　　股票最后的顶部大量形成往往是主力内部的对敲或主力之间的对倒以吸引跟风盘从而完成最后的筹码派发的结果，是主力操纵股价的行为所致。

【实战精要】

（1）天量天价是事后的一个说法，实盘时不要轻易下结论，在一个成
交量逐步放大的过程中，谁也不知道当下是不是天量天价。

（2）天量天价出现时，可以将跌破短期支撑线作为减仓或清仓的依据。

（3）天量天价K线分时具有顶部分时结构特征。

【实战案例】

1. 奥飞动漫（002292）。

股价经过一轮大幅上涨后最终以天量天价见顶，考虑该阴线实体极大
和量能突发放大的情况，股价随后只要一跌破短期支撑线，即可选择减仓
或清仓，多数情况下后市会进入漫长的筹码派发期，见图6-59。

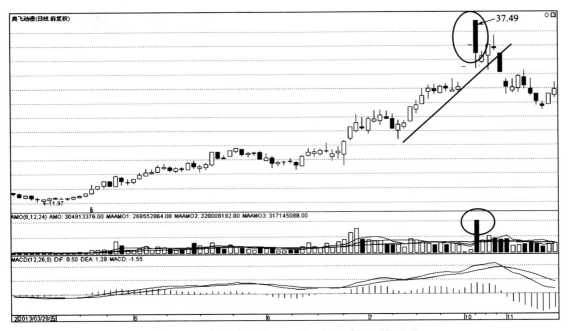

图6-59 奥飞动漫（002292），2013年10月25日

2. 罗牛山（000735）。

如图6-60所示，2007年5月30日，罗牛山股价经过疯牛演绎之后于
此终见天价，量能亦达天量，且该日分时下跌放量反弹无量，盘中有钓鱼

波出现，应是标准的顶部分时特征，实盘时可先适当减仓，等随后跌破短期支撑线后可选择清仓，见图6-61。

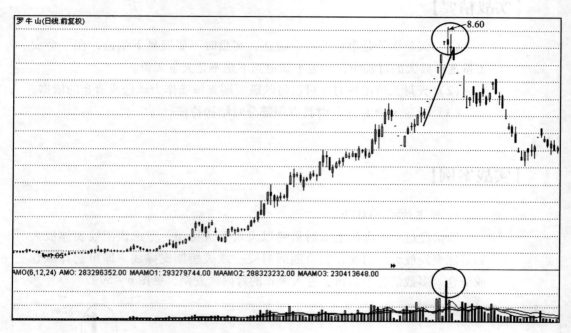

图6-60 罗牛山（000735），2007年5月30日

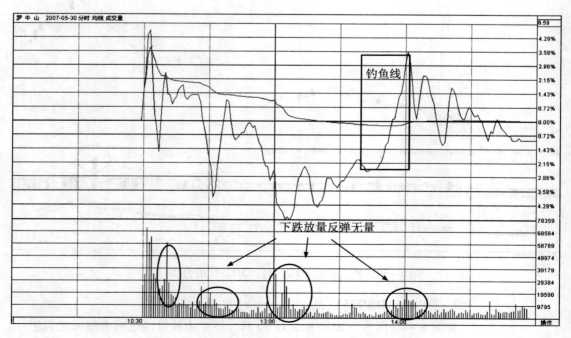

图6-61 罗牛山（000735）2007年5月30日分时

3. 北斗星通（002151）。

如图 6 - 62 和图 6 - 63 所示，北斗星通在股价连续大幅拉升后一个大长阴线见顶，成交也放出了天量，从分时看多空力量悬殊，空头占据主宰，是典型的顶部分时结构，此时要考虑适度减仓。

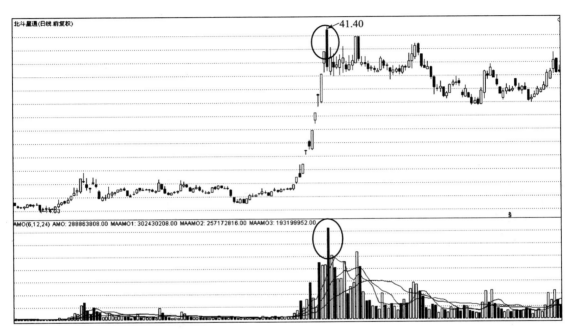

图 6 - 62　北斗星通（002151），2013 年 1 月 17 日

4. 浪潮信息（000977）。

浪潮信息的关键处笔者已标注，请读者自己试着分析一下。这股有来头了，约 10 元/股时笔者密切关注过，原本以为能调整到 8 元/股附近，可犹豫间却到了近 60 元/股，让笔者很是后悔，错过了就错过了，唯一庆幸的是给大家留下了这么个案例，见图 6 - 64 和图 6 - 65。

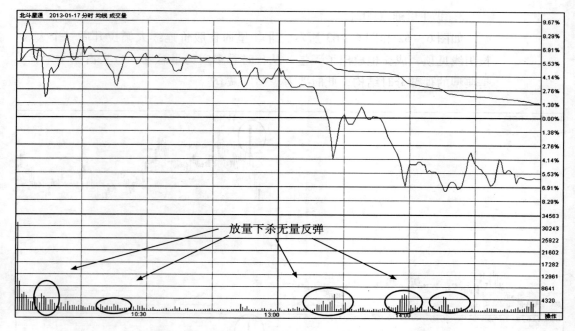

图 6-63　北斗星通（002151）2013 年 1 月 17 日分时

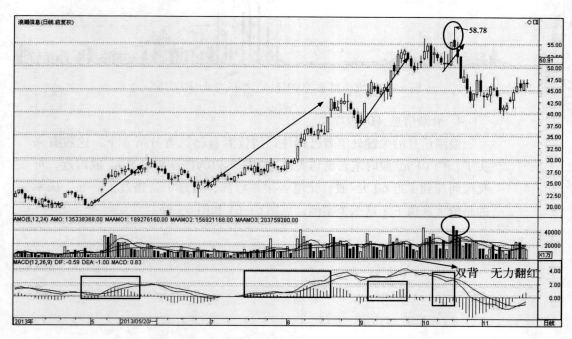

图 6-64　浪潮信息（000977），2013 年 10 月 21 日

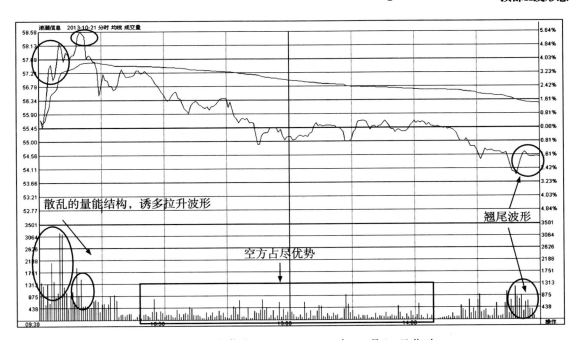

图 6 – 65　浪潮信息（000977）2013 年 10 月 21 日分时

第七章

顶部结构形态

　　股市没有预演，每个交易日都是现场直播。有些错误在你的投资生涯中一次都不能有，如有一次，你的一生就将被清零。本章介绍的五种顶部结构形态经常见于大型的顶部之中，是避免大的"灾祸"的明鉴，认真研究这些内容能降低以后在股价之峰上站岗的概率。

第一节　平顶

【名词解释】平顶

如图7－1所示，在一轮上涨趋势中，股价两次冲击同一高点失败，两根K线之间形成平齐的顶部，故称其为平顶。

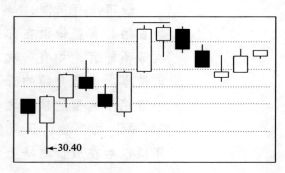

←30.40

图7－1　平顶形态

平顶的出现意味着股价在攻击某高点时被阻挡，多方进攻乏力，无奈之下只能选择退守。在技术形态上，平顶是由两根或两根以上K线组成的，K线是阴是阳都无关系，只要形成平齐的头部即可。

【实战精要】

（1）平顶不是反转力度最强的顶部结构，实战中需要结合其他技术分析方法一起研判。

（2）平顶K线中通常会出现钓鱼波、诱多波等分时波形（见第八章）。

（3）平顶K线所在的区域成交量一般会有所放大。

【实战案例】

1. 机器人（300024）。

图 7－2 所示为机器人在 2013 年 7 月构造的平顶结构。从成交量看，此区域放量很明显，一般高位放量会有阶段顶部的嫌疑，23 日分时较为散乱，而 24 日分时看是明显的诱多拉升波形（图 7－3），由此二者顶部成立的概率大。当然，谨慎的投资者可等股价跌破图 7－2 中的短期支撑线再大幅减仓。

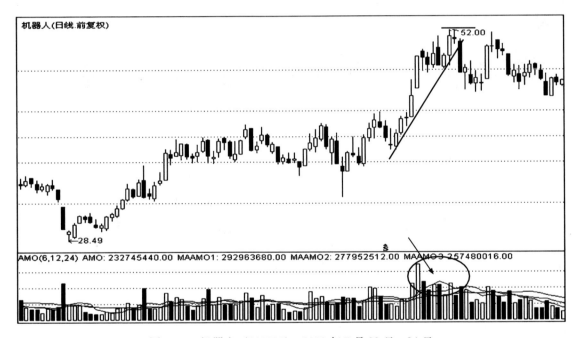

图 7－2　机器人（300024），2013 年 7 月 23 日—24 日

2. 神州泰岳（300002）。

如图 7－4 所示，神州泰岳的这个平顶结构跟上一案例中机器人的类似。需要指出的是，最后这个平顶结构已经处于股价走势的背驰段，所以后果更为严重。从 10 月 8 日分时看（图 7－5），该日分时早盘放量杀跌，量堆密集放大，11 点以后的反弹属于无量范畴，这种分时结构也说明主力卸货明显，预示后市凶多吉少。

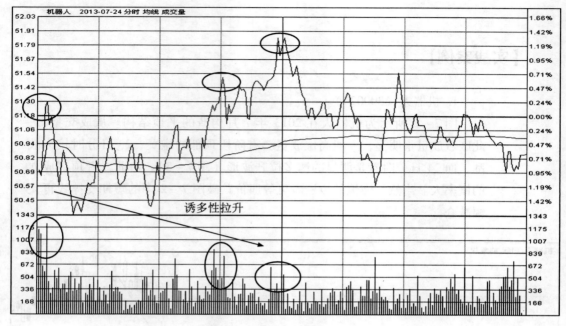

图7-3　机器人（300024）2013年7月24日分时

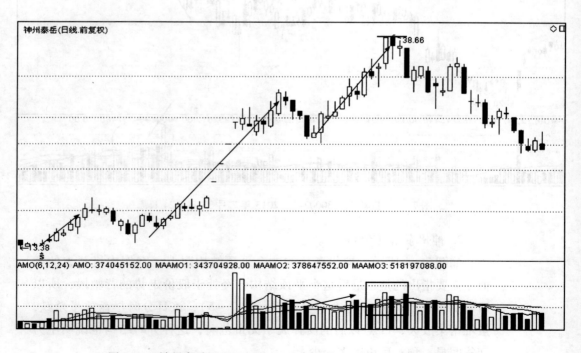

图7-4　神州泰岳（300002），2013年9月30日和2013年10月8日

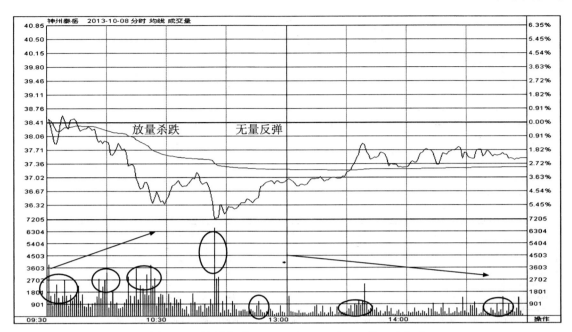

图 7 – 5　神州泰岳（300002）2013 年 10 月 8 日分时

3. 辉隆股份（002556）。

对于辉隆股份，笔者在图 7 – 6 和图 7 – 7 中已经做了关键点标示，具体就留给读者朋友自己分析吧。

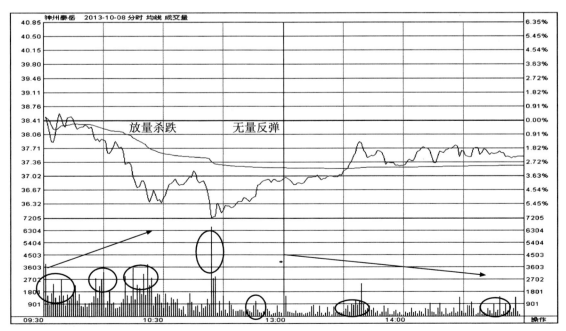

图 7 – 6　辉隆股份（002556），2013 年 10 月 14 日—15 日

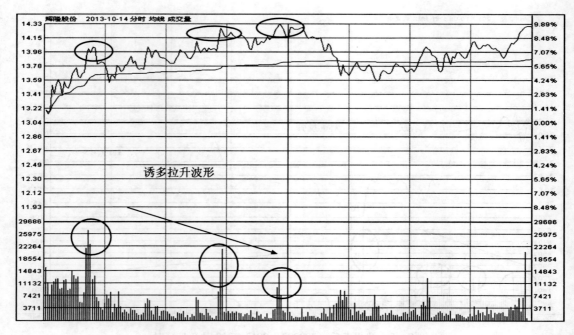

图7-7 辉隆股份 (002556) 2013年10月14日分时

第二节　圆形顶

【名词解释】圆形顶

　　如图7-8所示，所谓圆形顶就是中间高两头低，顶部K线之间构成了一个圆弧形态，故称其为圆形顶。这个图形看起来和黄昏之星很像，但三根K线实体之间并不像黄昏之星那样要求必须有价格跳空，三根K线是阴是阳都无所谓，多数情况下是由数根小阴、小阳、十字星等星线组成。

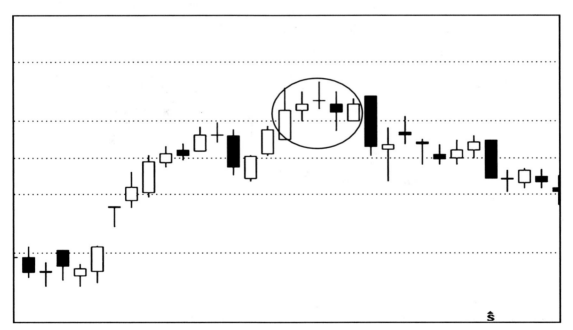

图7-8　圆形顶形态

　　圆形顶从上述表达中可以看出，其意味着股价缓慢地构造一个头部，相对其他头部形态，圆形顶看起来更温和一些，但后市跌杀跌程度却要更惨烈一些。

【实战精要】

（1）与其他顶部形态不一样，圆形顶成交量一般是萎缩的，通常见诸于深度控盘的老庄股最后一波拉升中，目的是为后面的下跌出货预留足够的空间。

（2）圆形顶在期货、外汇市场等出现的频率更高一些。

（3）圆形顶后一般会出现大阴线或向下的跳空缺口，这是验证圆形顶成立的要件之一。

【实战案例】

1. *ST 太光（000555）。

如图 7-9 所示，*ST 太光呈现的是很标准的圆形顶，前期大幅拉升后，该股在 2013 年 10 月缩量构造了一个圆形顶，并在 10 月 23 日（图中箭头所指处）出现了一个跌停，这就基本确定圆形顶成立。所以图中这个

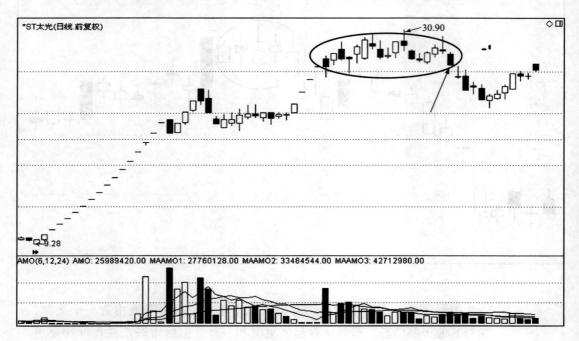

图 7-9　*ST 太光（000555），2013 年 10 月

跌停是该减仓或清仓的位置。

2. 上海商品期货交易所螺纹期货。

图 7 – 10 所示为上海商品期货交易所螺纹期货走势周线，在 2011 年 4—9 月构造了一个明显的圆形顶，随后出现了一个长阴线并确定了圆形顶成立，随后的走势很清晰。也许一个大意便让人倾家荡产，期货市场更多的是心理层面的较量。

图 7 – 10　上海商品期货交易所螺纹期货 2011 年 4—9 月走势周线

3. 上海商品期货交易所橡胶期货。

图 7 – 11 所示为上海商品期货交易所橡胶期货 2012 年 2—4 月日线，不过图中这个确立圆形顶成立的是一个有跳空缺口的大阴线，这里留给读者朋友们自己分析。

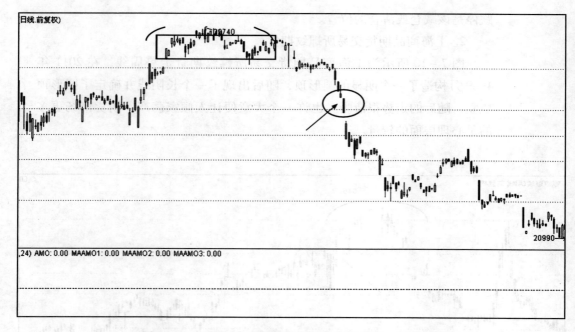

图 7 – 11　上海证券交易所橡胶期货 2012 年 2—4 月日线

第三节　头肩顶

【名词解释】头肩顶

　　如图 7 - 12 所示，很明显，中间是"头"，两侧是"肩"，两肩底的连线称为颈线，就像站立的人一样，最高的是头部，然后是两肩，剩下的部位都在下面，所以头肩顶就是顶部区域，而"头肩顶"这个说法也是很贴切的。

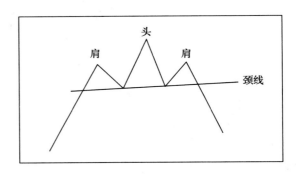

图 7 - 12　头肩顶形态

【实战精要】

　　（1）头肩顶的"头"部区域一般是放量的，而右肩通常是缩量反弹。

　　（2）头肩顶跌破是其顶部形态成立的标志，如果是放量跌破颈线则确立的程度更高。

　　（3）股价跌破颈线后下降的幅度至少等于头部到颈线的距离。

【实战案例】

　　1. 航天通信（600677）。

　　图 7 - 13 所示为航天通信 2007 年 5 月—2008 年 1 月的周线，该股呈现

了一个典型的头肩顶形态。从图中看，左肩是一个看跌吞没形态，头部是一个乌云盖顶形态，右肩大体可以当作黄昏之星的变体。右肩部分一旦跌破颈线，头肩顶形态将被确认。通过上述分析，可以确定图中的头肩顶形态是一个复合形态，也可以认为是一个 M 顶或者三重顶。和前面所讲的头部形态相比，头肩顶形态在逃顶方面显得更迟缓一些，等跌破颈线再逃顶，股价已经跌去了不少。但是，头肩顶形态对实战仍然具有借鉴意义。事实上，航天通信自右肩跌破颈线后股价从 29 元/股下跌至 4 元/股，如果及时处理仍然可以避免不少损失。

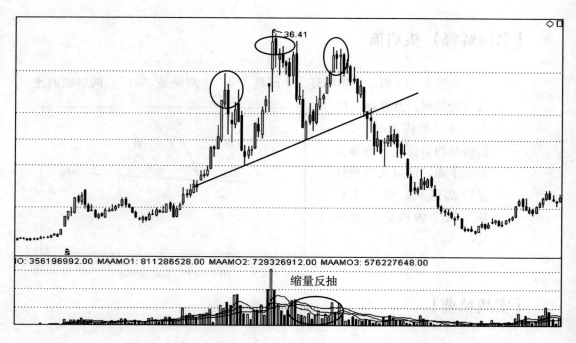

图 7－13　航天通信（600677）2007 年 5 月—2008 年 1 月周线

2. 南天信息（000948）。

图 7－14 所示为南天信息 2008 年 3—6 月的周线头部构造，左肩是釜底抽薪形态，头部也是釜底抽薪形态，右肩是看跌吞没形态，头部放量明显，右肩是明显的缩量反弹，跌破颈线后按头肩顶形态战术纪律要求至少要做减仓处理。

图 7 - 14　南天信息（000948），2008 年 3—6 月

3. 南京高科（600064）。

头肩顶形态在跌破颈线后的下跌幅度测量上，西方分析师给出以下表述：股价跌破颈线后下降的幅度至少等于头部到颈线的距离。

如图 7 - 15 所示，大家可以看出，南京高科从头部到颈线的距离（箭头"1"）和跌破颈线后的距离（箭头"2"）大体相等。这一点是西方头肩顶形态最为称道的一点。在多年的实战中，此测量技术很少出错，正确率达 95% 以上，至于是如何发现这一点的已经无从考证，笔者认为可能还是来自直观认识，因为人头到颈部的距离小于颈部到脚底的距离，私下揣测多半是这个原因。

4. 仪电电子（600602）。

在此，还有一点需要说明，在实战中对头肩顶的感觉是不一样的，有的事后发现确实是头肩顶，有的却没有形成头肩顶反而成了头肩底形态。这里面有个关键之处，笔者在实战中发现，如果右肩成交量小于左肩，那头肩顶形态基本确立，否则很容易演变成头肩底，后市会继续创新高。

图 7 - 16 所示为仪电电子的周线，图中右肩放量小于左肩，因此临盘时基本断定头肩顶形态成立。后市发展也的确如此，大家可以去看其他个股，只要右肩放量小于左肩，头肩顶就成立。

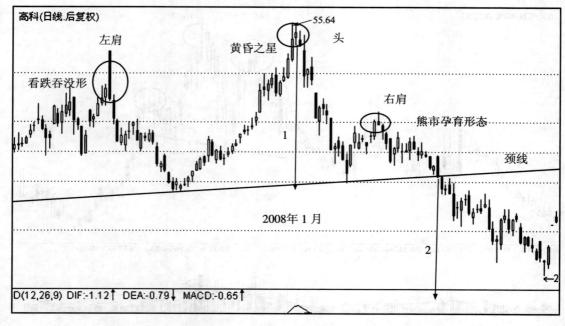

图7-15 南京高科(600064),2007年11月—2008年3月

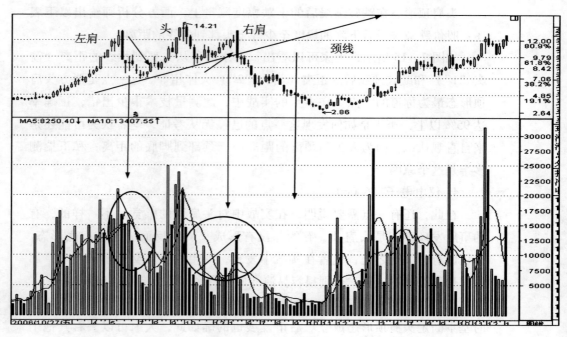

图7-16 仪电电子(600602)2007年7月—2008年5月周线

5. 长江通信（600345）。

图 7－17 所示为长江通信周线，图中右肩放量大于左肩，因此临盘时要慎重考虑。后市长江通信没有形成头肩顶形态，股价突破向上飙升，只从大方向上看此形态发展成为头肩底，而不看成交量细节，的确很容易判断错方向。

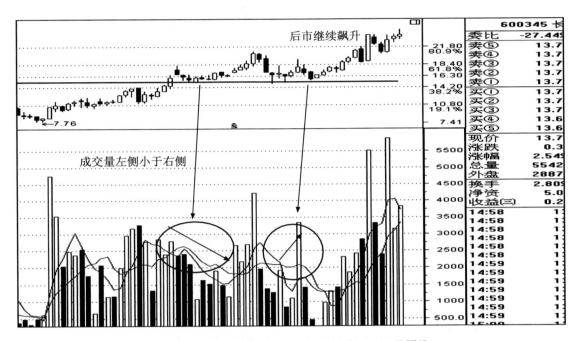

图 7－17　长江通信（600345）2009 年 5—10 月周线

第四节　扩散顶

【名词解释】扩散顶

如图 7-18 所示，在一个顶部形成过程中，低点逐渐见低，而高点逐渐抬高，股价成疯癫之势，显示多空分歧极为严重，直到某次低点返回跌破前面低点连线，则该顶部宣告成立。

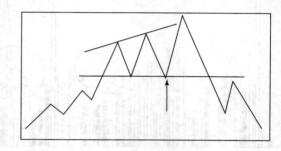

图 7-18　扩散顶形态

【实战精要】

（1）扩散顶的形成往往有特定的原因，多数是多空消息层面激烈博弈的结果，盘面通常会留下主力缠斗的痕迹。

（2）扩散顶跌破低点下轨时要谨慎处理，一般至少要先减仓，稳重的投资者可选择清仓观望。

【实战案例】

1. 华胜天成（600410）。

图 7-19 所示为华胜天成 2007 年 4 月—2008 年 1 月周线，从图中可以看出，此时股价进行了宽幅震荡，急剧地上涨然后急剧地下降，投资者的情绪处于极度的两极波动之中，多空双方对局势的看法分歧极大，如果股价此时跌破支撑线下轨，那么惊慌失措的投资者往往选择极端的方式出局，

扩散顶也就成形了。从形态上看，扩散顶头部形态中 K 线走势两极是在不断放大扩散的，故称扩散顶。扩散顶很像倒置的三角形，但三角形常见于整理形态，而扩散顶却是重要的头部形态之一。

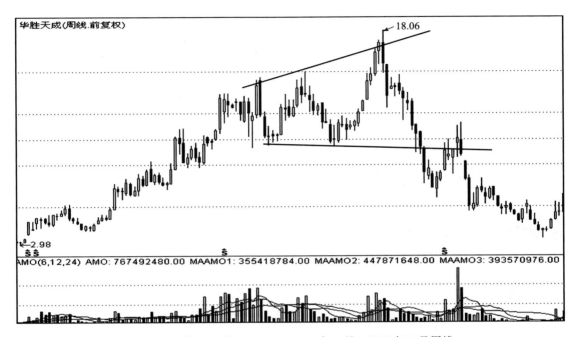

图 7 - 19　华胜天成（600410）2007 年 4 月—2008 年 1 月周线

2. 高鸿股份（000851）。

图 7 - 20 所示为高鸿股份 2000 年 8 月—2001 年 6 月的周线，和案例 1 华胜天成如出一辙。一般这种大级别图形跌破低点连线即下轨时要做减仓处理，因为顶部的极端走势预示该股后市也充满了不确定性，特别是机构博弈类型的走势，有时底部的跌幅和顶部的形成一样让人琢磨不透。

3. 创业环保（600874）。

创业环保请读者朋友自己分析。只是要强调一点，对于扩散顶跌破下轨后的下跌距离的测量，西方技术分析师避而不谈，对这个问题的认识业内也存有分歧。根据笔者多年实战经验，得出以下结论：股价跌破支撑线下轨后的下跌幅度不小于扩散顶内第一个小头部到下轨的距离，即图 7 - 21 中 B 的长度往往大于 A 的长度。

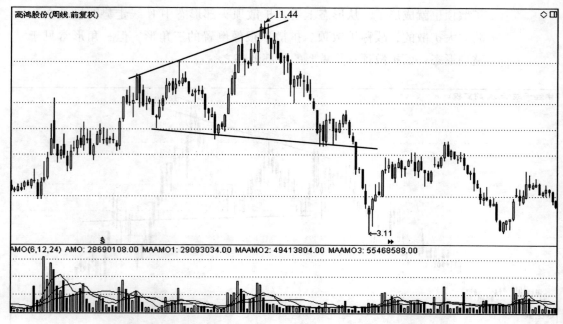

图 7 - 20　高鸿股份（000851）2000 年 8 月至 2001 年 6 月周线

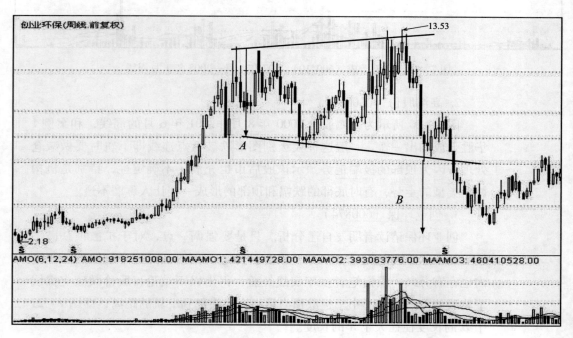

图 7 - 21　创业环保（600874）2007 年 6 月—2008 年 5 月周线

第五节　三角形顶

【名词解释】三角形顶

如图 7－22 所示，在股价处于高位中，如果低点逐渐抬高而高点逐渐降低，直到有一次股价回落的低点跌破前期低点的连线，那么此时三角形顶宣告成立。

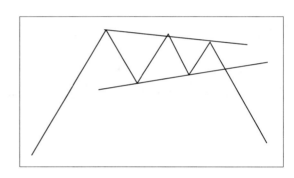

图 7－22　三角形顶形态

【实战精要】

（1）三角形顶既有可能是中继形态也有可能是顶部反转形态，突破顶点上轨就是中继形态，突破下轨就是顶部反转形态，实战中没突破前不要武断。

（2）三角形顶相对于低位通常会伴随着成交量放大，但三角形内部成交量又会呈现递减态势。

【实战案例】

1. 宝钛股份（600456）。

图 7－23 为宝钛股份 2007 年 7 月—2008 年 1 月周线，通过比较图中三角形顶和扩散顶，大家可以明显发现二者的不同，三角形顶部形态内部的 K 线走势处于不断收敛的态势之中，其间往往伴有量能萎缩、交投萎靡不

振，此时市场心态趋于谨慎，观望者居多，股价一旦做出选择而跌破下轨，走势也便做出了方向选择。

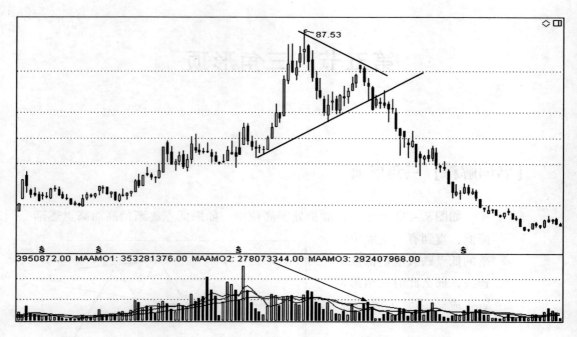

图 7-23 宝钛股份（600456）2007 年 7 月至 2008 年 1 月周线

2. 哈投股份（600864）。

图 7-24 为哈投股份 2007 年 6 月—2008 年 1 月周线，大家同样可以从图中发现，这个三角形顶由三个小头部组成，其中 1 和 3 是看跌吞没形态，2 是黄昏之星的变体。这个三角形顶部到我们能确认其为三角形顶时，其头部走势已经持续了 6 个月，滞后性不明显。

3. 石基信息（002153）。

图 7-25 所示为石基信息 2010 年 12 月—2011 年 8 月周线，这个案例大家可以试着自己分析。但这里有关跌破下轨后的下跌幅度要简单说一下，通常认为股价跌破下轨后的下跌距离不少于三角形顶内第一个头部到下轨的距离，即 B 的长度通常要大于 A 的长度。

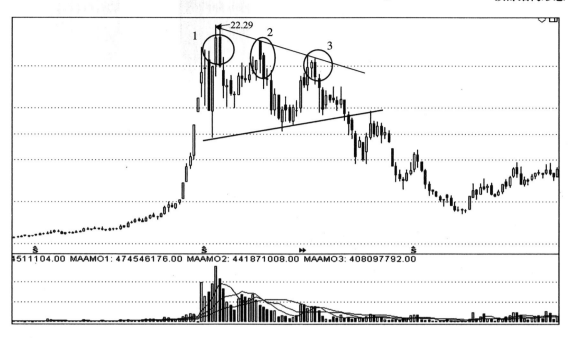

图 7 - 24 　哈投股份（600864）2007 年 6 月—2008 年 1 月周线

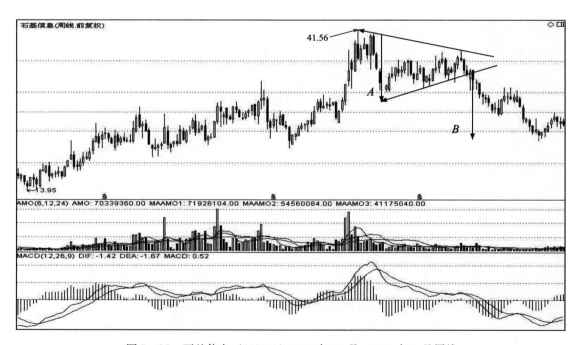

图 7 - 25 　石基信息（002153）2010 年 12 月—2011 年 8 月周线

第八章
顶部分时结构

　　这是辨识顶部的"六脉神剑"，六种顶部分时图能第一时间预警顶部的出现，从而让你比主力逃得更快更准。顶部分时结构出现后，一旦技术面出现破位，就该"挥一挥衣袖带着一箱珠宝走人了"。见微知著，这是老祖宗留给我们最宝贵的智慧财富。

第一节 散乱

【名词解释】散乱

如图 8 - 1 所示，在股价运行到高位时，主力已经无心做盘，通常是对倒拉升派发筹码，分时成交上已经没有明显的横向和纵向放大的量堆结构；仔细观察分时图形会发现，每次拉升的红柱量能和其后回调的绿柱面积相差无几，有时出货明显时回调绿柱面积会大于红柱量能，这种情况基本就是在不择手段地卸货了。这种多空平齐乱舞的散乱结构只有顶部才会出现，此时要高度警惕，起码要做好止盈预案。

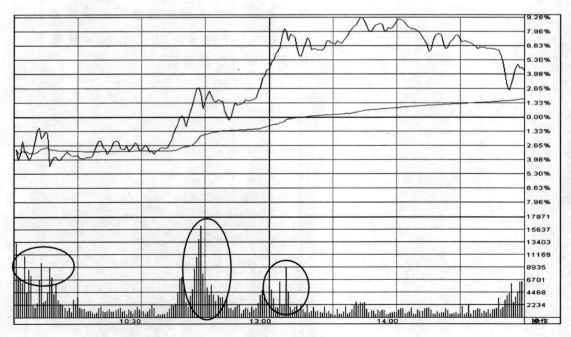

图 8 - 1　散乱波形

【实战案例】

1. 上海物贸（600822）。

图 8 - 2 所示为上海物贸 2013 年的大牛股，在顶部构造中，大家可以对照自己的软件仔细研究一下该股的分时成交情况，能清晰地看到，每次分时上攻后都面临空方更大量能的狙击，这意味着多方已经完全无优势可言，并且这种走势有鬼，同时意味着主力是通过对倒发动广大群众的力量把股价推向高处，而自己暗中忙着在分时高位不断卸货。既然如此，那股价为什么还能涨？人不疯狂不成梦，广大散户的力量是无穷的，在贪婪指引下发生这种事情不足为奇，见图 8 - 3。另外需说明一下，由于书籍是黑白印刷的，所以建议诸位一定要复盘，先把分时设置为红绿两种颜色，然后对照软件自己仔细观察。

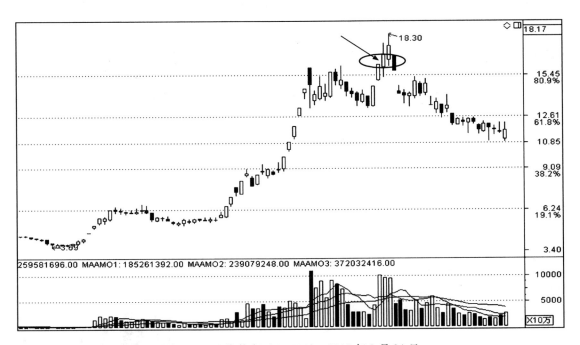

图 8 - 2　上海物贸（600822），2013 年 9 月 24 日

2. 外高桥（600648）。

如图 8 - 4 所示，同是上海自贸区龙头股，外高桥走势则更为凌厉，由于该股前期 11 个缩量涨停，主力账面虽有盈利但还只是纸上浮云，如何派

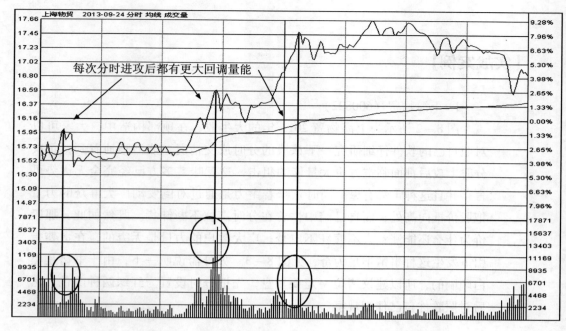

图 8－3 上海物贸（600822）2013 年 9 月 24 日分时

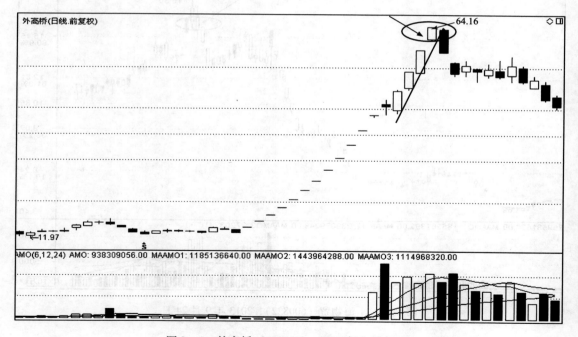

图 8－4 外高桥（600648），2013 年 9 月 25 日

发出去就是大问题。该股借助该板块持续操作的力度，股价继续向上放量
拉升，但随后的拉升基本就是以卸货为主了。以 9 月 25 日该股走势为例，

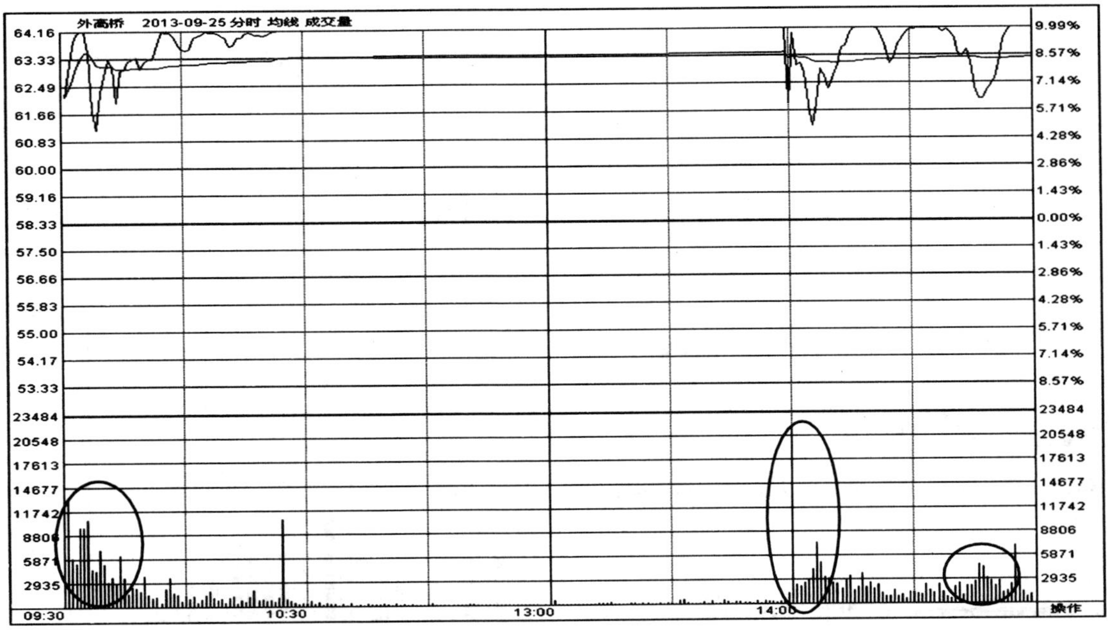

图 8-5　外高桥（600648）2013 年 9 月 25 日分时

见图 8-5，涨停板中能看到明显的主力出货痕迹，此时股价还能涨停也算个奇迹，散户自然功不可没。但用多空这种分时无序的量能结构去预示行情需要，是值得警惕的。当然没有股神，谁也无法预测此时该股会不会继续涨停，从当时平稳运行的量能看，该股的确有继续向上的可能，但出现如此散乱结构，此时图 8-4 中的止盈支撑线就要画好了，这就是预案，这无关次日的涨跌，但有关你账户中的资产。

3. 中视传媒（600088）。

图 8-6 和图 8-7 所示为中视传媒 2013 年 9 月 30 日走势，大家对照自己的软件分析下好了，建议一定要对照自己的软件亲自去琢磨一下，技术分析这东西一定要吃透嚼烂，心浮气躁、浅尝辄止地学一万年都不会有什么长进。

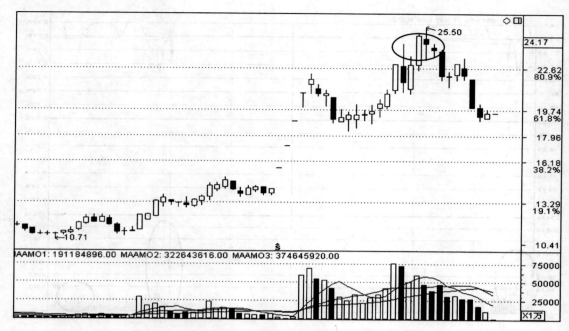

图 8-6　中视传媒（600088）2013 年 9 月 30 日走势

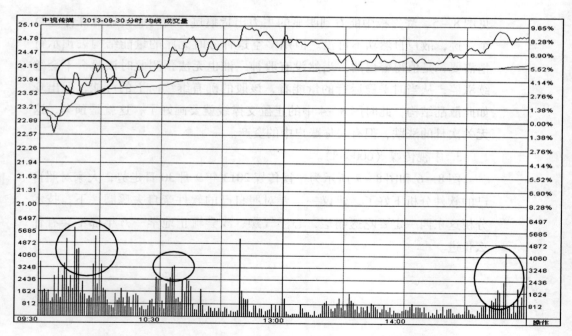

图 8-7　中视传媒（600088）2013 年 9 月 30 日分时

第二节 钓鱼波

【名词解释】钓鱼波

俗话说："姜太公钓鱼，愿者上钩。"这是垂钓者的最高境界。股市中亦是如此，股市中真正的操盘高手也在不断追求这样的境界，其操盘的个股在出货接近完毕后往往还能保持强势上涨状态，之所以有这样的情况出现，恐怕根源还在于人性的弱点，中小投资者要想克服自身这些弱点不知道要经过多少实战的洗礼。

如图8-8所示，钓鱼波就是主力利用少数几笔大单吸引跟风盘从而达到迅速出货的目的，这样的波形称为钓鱼波。有的读者朋友不明白为什么股价在高位时还有那么多跟风盘，要知道，趋利避害是人类千古不变的本

图8-8 钓鱼波

性,追涨杀跌是人类这一本性在股市中的本质流露,当人们被贪婪和欲望吞噬时,又有什么事情是不可能发生的呢?

钓鱼波一般发生在早盘半小时内,少数发生在午盘,一般多为主力少数几笔大盘拉高,相应的量能结构一般比较散乱,如果有两波或三波拉高时通常伴有量价背离现象发生。如果对钓鱼波当天走势进行量能统计的话,一般分时杀跌量能之和是拉升之和的两三倍以上。钓鱼波出现后,K线形态常出现经典的头部组合,均线最佳卖点和趋势卖点也随之出现。

【实战案例】

1. 鲁信创投(600783)(一)。

图8-9和图8-10所示为鲁信创投2010年10月28日走势,早盘半小时内几笔大单将股价拉高,几波走势并不流畅,而且分时出现了明显的量价背离走势,这说明做多量能出现了萎缩,已成强弩之末之势,随后股价出现了跳水走势,全天以震荡盘跌出货为主,特别是尾盘最后一小时的疯狂出货更是验证了早盘的判断。从该日K线图看,10月28日这个位置虽还不能肯定地判断股价立马转为跌势,但通常最好的情况也只是转为一个

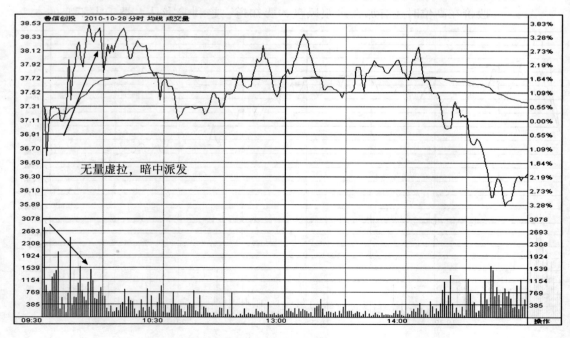

图8-9 鲁信创投(600783)2010年10月28日走势

盘整走势，或许还能涨一涨。但必须要做好相应的止盈预案，股市中千万别偏执一端，通常情况下要按大概率处理，既然盘面有钓鱼卸货迹象，那相应的止盈或止损预案就必不可少。

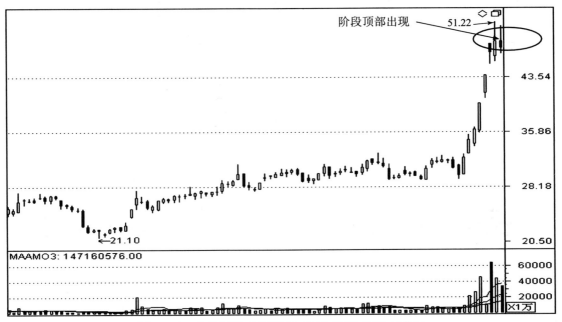

图 8－10　鲁信创投（600783）2010 年 10 月 28 日分时

2. 鲁信创投（600783）（二）。

还是以鲁信创投为例。图 8－11 和图 8－12 所示为该股 2010 年 11 月 2 日分时走势，该股当日走势是非常正宗的如教科书般的钓鱼波走势，该股早盘通过几笔凌乱的大单将股价迅速拉高，随后主力快速杀跌出货，全天振幅巨大，被套牢者无数。该股主力对人性的拿捏是十分到位的，早盘 15 分钟内将股价拉高是不想给前期被套牢者太多思考卖出的时间，同时迅速套牢早盘追高者，可谓一石二鸟，午盘开始直至收盘直接卸货杀跌。我们看一下图中该股当日的 K 线形态，该股当日出现了具有长上影线的巨型阴线，而且阴线实体收之于小箱体所有 K 线实体之下，其对应的杀跌量能非常充沛，股价继续下台阶似不可避免。

3. 江苏宏宝（002071）。

图 8－13 和图 8－14 所示为江苏宏宝 2010 年 10 月 20 日走势，该股当日的走势是非常夸张的。从该股当日早盘前 5 分钟的成交明细来看，该股当日开盘 5 分钟内只有少数几笔主力大单买入拉升，但跟风者众多，剩余的全部为巨额卖出杀跌大单。市场人气激昂时就是这样，疯狂之时哪还有

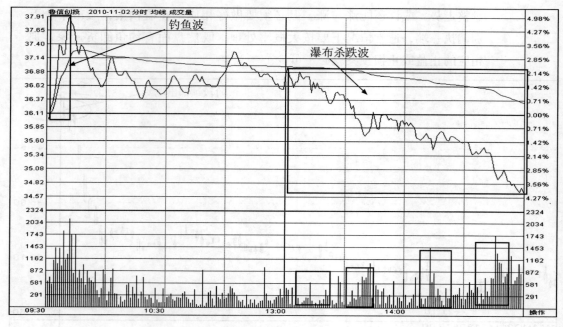

图 8-11　鲁信创投（600783）2010 年 11 月 2 日分时

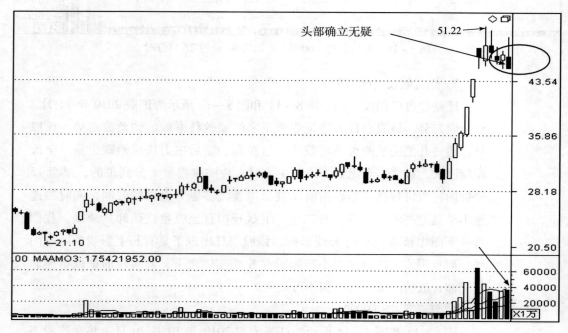

图 8-12　鲁信创投（600783），2010 年 11 月 2 日

理智可讲。该股当日留下了巨型阴线，属于典型的看跌吞没形态，短线至少要考虑减仓。

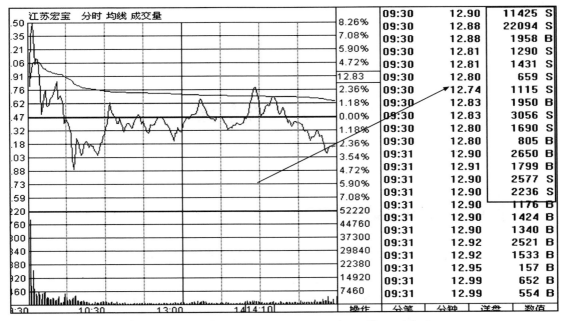

图 8 - 13　江苏宏宝（002071），2010 年 10 月 20 日分时

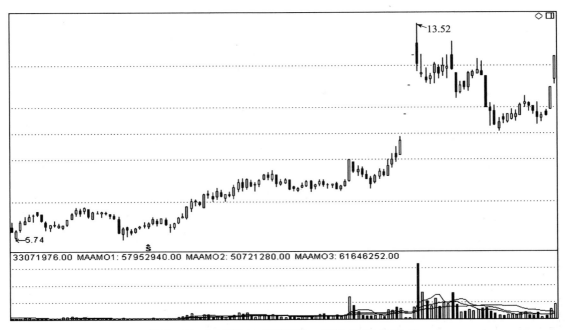

图 8 - 14　江苏宏宝（002071），2010 年 10 月 20 日

　　实战时，钓鱼波一般要结合头部形态和均线卖点及趋势卖点综合研判，有的钓鱼波出现后，股价还有可能出现横盘整理情况而不是股价排山倒海般的杀跌，分时波形属于细微技术，一般和趋势达成共振才是卖出的契机。

第三节 诱多波

【名词解释】诱多波

如图 8 – 15 所示，在顶部构造中，股票的分时拉升中逐波出现明显量堆递减的量价背离情形，股价之所以还能继续上行，则主要是散户跟风盘的功劳。背离式拉升通常是主力无心向上做盘造成的，这种多方力道的衰竭很容易造成后市暴跌，但散户不明就里被戏弄是常有的事情，故称之为诱多波。

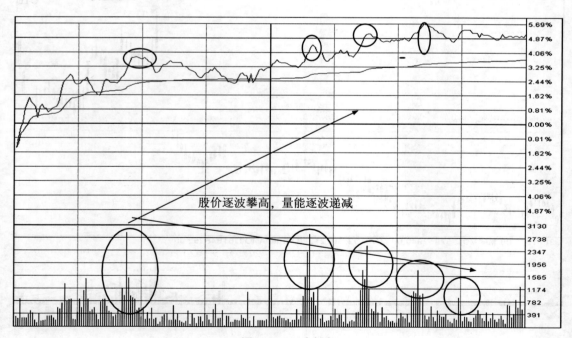

股价逐波攀高，量能逐波递减

图 8 – 15　诱多波

诱多波不仅吸引散户接盘，还为后市主力出货预留下足够空间。由于诱多波出现时股价仍然在继续上行中，因此对散户来说具有极强迷惑性，所以对散户而言也具有"安乐死"的属性。

【实战案例】

1. 鲁信创投（600783）。

如图 8-16 和图 8-17 所示，该股 2011 年 5 月 20 日出现诱多波走势，尾盘三波拉升出现了明显的量价背离，意味着主力已经不愿投入真金白银向上做盘了，只是由于股价处于快速上涨中，散户不明就里，追进去的不在少数，所以说，主力能赚钱通常是因为市场中"博傻"的人太多。该股就趋势而言 K 线已处于背驰段，这时出现诱多波不可不察，被人要是一种耻辱，不要上了主力的当。

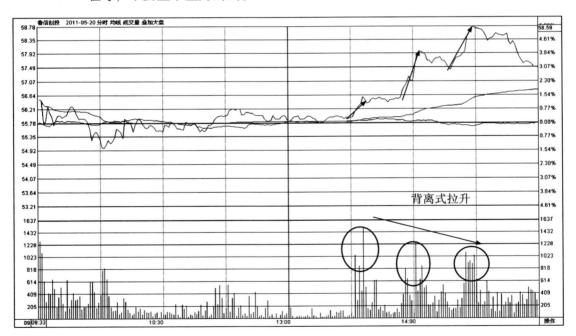

图 8-16　鲁信创投（600783），2011 年 5 月 20 日分时

2. 大元股份（600146）。

如图 8-18 所示，大元股份 2011 年 9 月 16 日分时量价背驰是极为明显的，从早盘开始到下午 1 点 15 分，这个阶段的拉升股价虽逐步抬升，量堆却逐波递减。主力卸货的意图午盘后不久就露了出来。下午开盘不久，分时就放量杀跌，追涨散户中招，临近收盘时又虚拉了一竿子，这是明日继续出货的前奏（图 8-19）。

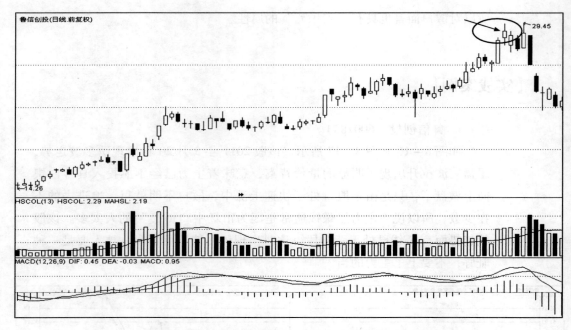

图 8-17　鲁信创投（600783），2011 年 5 月 20 日

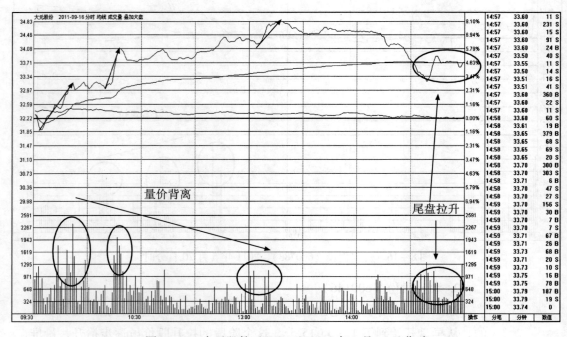

图 8-18　大元股份（600146）2011 年 9 月 16 日分时

3. 上港集团（600018）。

上港集团这一案例，读者朋友可结合案例 1 和案例 2 自己分析。诱多

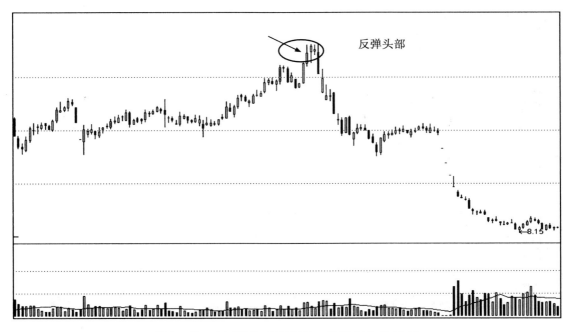

图 8-19 大元股份（600146），2011 年 9 月 16 日

波在头部经常出现，诸位可以找些个股过往走势自己护盘验证，若想参悟头部的奥义需要量的积累。

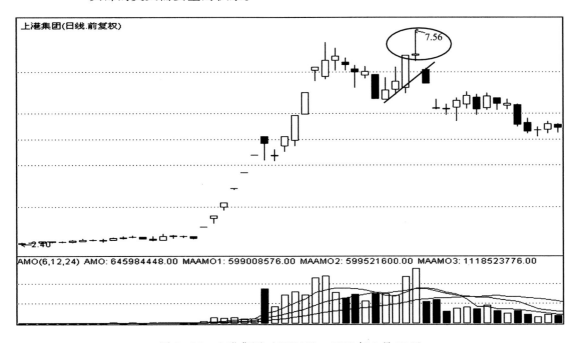

图 8-20 上港集团（600018），2013 年 9 月 25 日

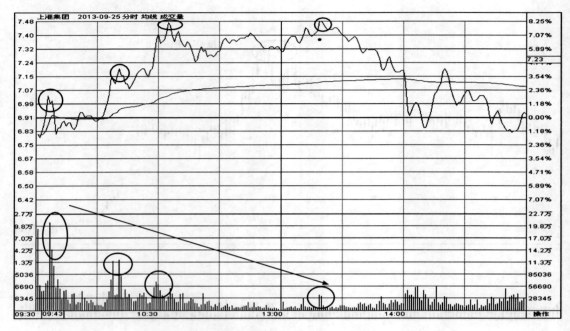

图 8–21   上港集团（600018）2013 年 9 月 25 日分时

第四节　惑神盘口

【名词解释】惑神盘口

股价最后疯狂拉升其实就是个筑顶过程，这个阶段的投资者因为账面快速盈利而警惕性小，此时主力会在买单方面挂大单、超大单以营造祥和的繁荣景象，把中小投资者置于飘飘然的境地。快速拉升中见到如此大胆托盘，心神便被彻底迷惑，此盘口谓之"惑神"，如图 8 - 22 所示。这足以使持股者忘记即将到来的风险和引诱旁观者疯狂入局追涨。都说美色如蛇蝎，可真正能抵挡住诱惑的又有几人？

委比	72.85% 委差	1159
卖五	8.63	34
卖四	8.62	34
卖三	8.61	70
卖二	8.60	72
卖一	8.59	6
买一	8.58	590
买二	8.57	291
买三	8.56	133
买四	8.55	200
买五	8.53	161

图 8 - 22　惑神盘口

【实战案例】

1. 三变科技（002112）。

图 8 - 23 所示为三变科技 2013 年 1 月 29 日走势。该股波段涨幅已经有

35% 左右，当日拉升时多次出现这种挂大买单诱多性的惑神盘口，而股价留下了长上影线，成交量显著放大，这是仙人指路吗？观察一下分时便知。如图 8-24 所示，该股当日绿柱面积太大了，是红柱面积三倍还要多，这显然是主力阶段减仓造成的，分时矩形所指五次拉升都用了惑神盘口，这明显是忽悠中小投资者接货，所以应该是短线见顶的概率大些。

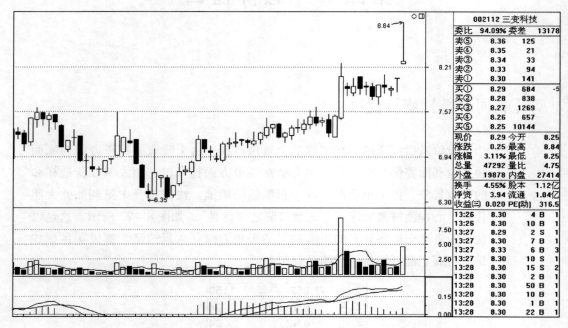

图 8-23　三变科技（002112）2013 年 1 月 29 日走势

2. 万达信息（300168）。

如图 8-25 所示，从万达信息日线上看，经过三段盘整四波拉升，最后一波拉升股价已经明显处于背驰段，随后的下跌完成了对上涨趋势的结构破坏。从趋势上看，下跌结构正在构造之中，11 月 1 日这个反弹则可以看分时，基本无量，但五档盘口挂的大买单很有气势，午盘后缩量拉升加上惑神盘口只是在诱使中小投资者买入罢了，这说明主力无心做盘，反弹之后继续下跌卸货该是大概率（图 8-26）。

惑神盘口是顶部常见盘口语言，诸位以后可以留意观察个股顶部构造的过程。这种盘口主力常用，以往经验也证明非常好使。

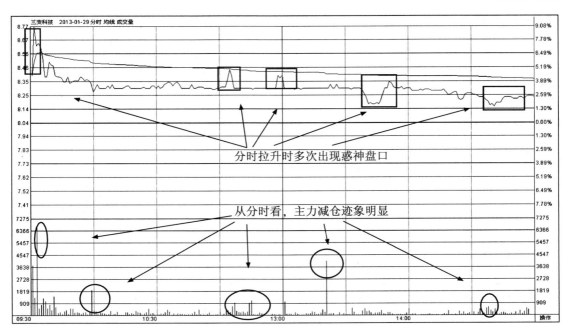

图 8 - 24 三变科技（002112）2013 年 1 月 29 日分时

图 8 - 25 万达信息（300168），2013 年 11 月 1 日

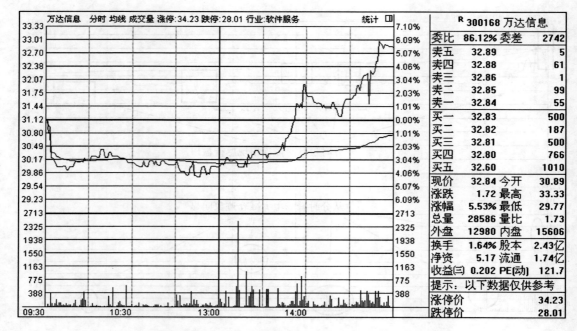

图 8 - 26　万达信息（300168）2013 年 11 月 1 日分时

第五节　翘尾

【名词解释】翘尾

　　股价的顶部构造过程是一个平常的、整体上卸货的过程，但不能简单地这样认为。如果一味卸货，那整个形态很快会被破坏掉，这样有可能将中小投资者套死。所以，顶部有出货，但同样需要主力护盘以维持高位形态。对此，投资者不要被过往所学的迷惑。主力只要保证高位时出货量比买入量多即可，这样其手中筹码就能慢慢被转移完毕。而通常，顶部护盘多发生在尾盘，因尾盘时大多中小投资者意志比较懈怠，拉升时就不容易引发大的抛盘，需要主力付出的代价就小，通常花点儿小钱就能达到四两拨千斤的目的，尾盘的拉高能让整个 K 线维持高位形态，为主力继续高位出货维持一个好的趋势环境，这种尾盘拉升我们称为翘尾，它是顶部分时常见的波形，如图 8－27 所示。

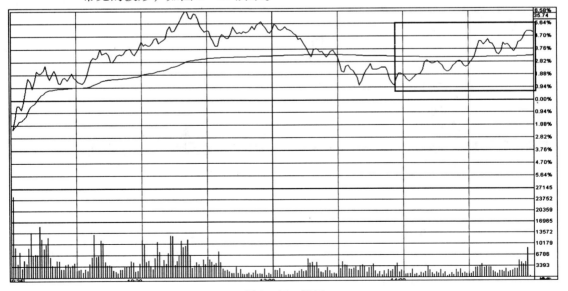

图 8－27　翘尾

【实战案例】

1. 威华股份（002240）。

如图 8－28 和图 8－29 所示，威华股份在 2011 年 5 月 12 日股价全天基本都是高位缓缓卸货的状态，如果该股维持这样的平淡走势至收盘，那它当日就是小星线，K 线形态上就有平顶的印象。但该股尾盘 2 点 40 分突然拉升，这样收盘时就是个有力度的中阳线，从分时看该股尾盘拉升还吸引了不少场外资金参与，该股机构也顺便尾盘出了些筹码，这样主力花的钱基本又套现了，而股价还被维持在高位，可谓一石二鸟。只是诸位记住，尾盘拉升的时间越晚陷阱的概率就越大，后市该股不久就转为跌势。

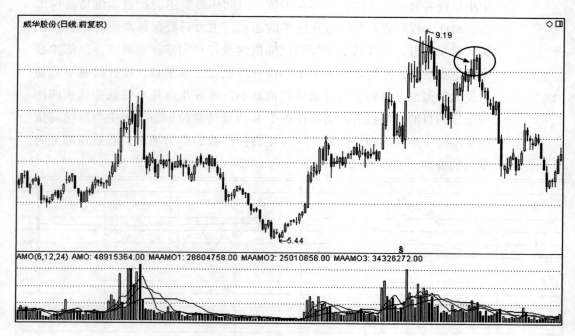

图 8－28　威华股份（002240），2011 年 5 月 12 日

2. 朗玛信息（300288）。

如图 8－30 和图 8－31 所示，朗玛信息盘头中 K 线分时多次出现了翘尾走势，2013 年 9 月 6 日就是其中一个例子。之所以说该股当日是翘尾行情还有一个佐证，全天分时下杀出货量很大，而尾盘拉升只用了一小点儿资金，这就说明该股当日出货量远大于拉升所耗费的资金，只要主力在高

位保持这样的节奏，其手中的筹码就会慢慢地出光。

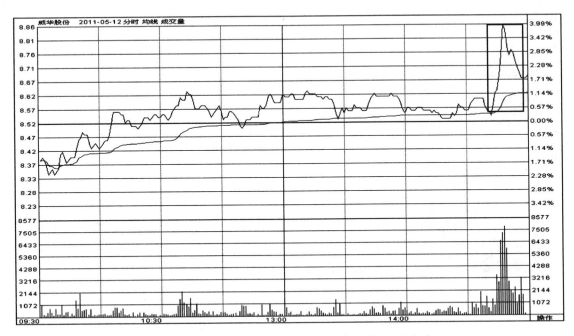

图 8－29　威华股份（002240）2011 年 5 月 12 日分时

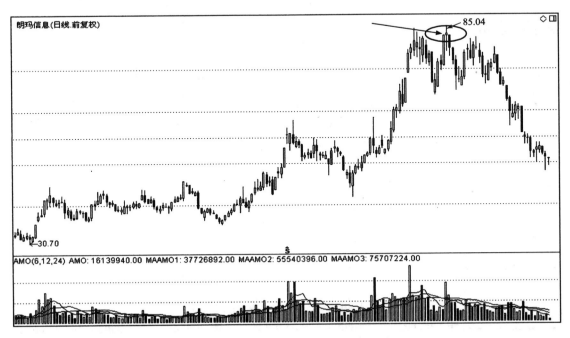

图 8－30　朗玛信息（300288），2013 年 9 月 6 日

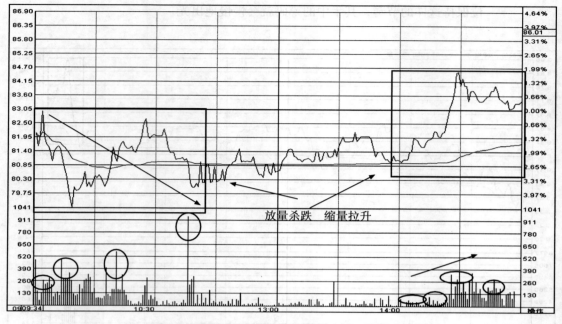

图 8－31　朗玛信息（300288）2013 年 9 月 6 日分时

3. 昌九生化（600288）。

图 8－32 所示为昌九生化 2013 年 6 月 14 日走势，这个翘尾行情跟案

图 8－32　昌九生化（600288）2013 年 6 月 14 日走势

例2 如出一辙，留给读者朋友们自己分析。需要强调是，翘尾行情在顶
部K线中出现会有一定的频率，绝不只是某一天才出现，出货是个细活
儿，见图8－33。

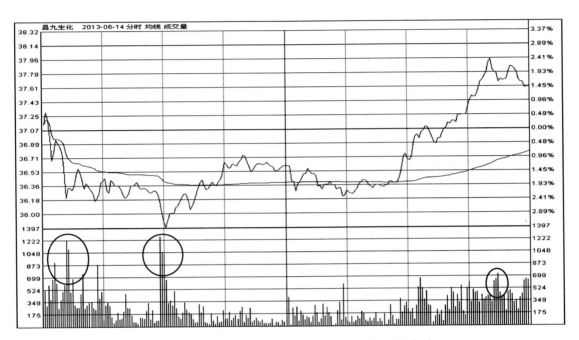

图8－33 昌九生化（600288）2013年6月14日分时

第六节　杀跌波

【名词解释】杀跌波

　　如图 8 - 34 所示,所谓杀跌波就是空头慌不择路,并杀跌出货的分时波形。其显著特点是随着股价分时低点的逐波降低,分时杀跌量堆却逐波增大,显示杀跌力量异常强大,主力卸货意志坚定。杀跌波和股价趋势位置的关系较为简单,很多时候顶部不一定非要出现杀跌波,但出现杀跌波大多为顶部。

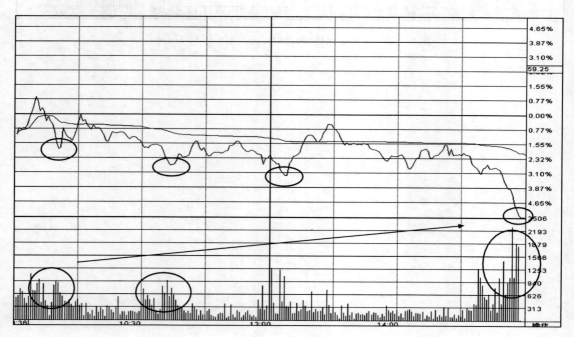

图 8 - 34　杀跌波

【实战案例】

1. 机器人（300024）。

图 8-35 所示为机器人 2010 年 4 月 13 日分时，全天呈放量下跌态势
（分时矩形所标），而分时反弹（椭圆处）软弱无力没有量能配合，全天成
交量巨大，K 线组合上出现了类似黄昏之星的变体。杀跌波和顶部形态一
起出现，顶部成立的概率大，见图 8-36。

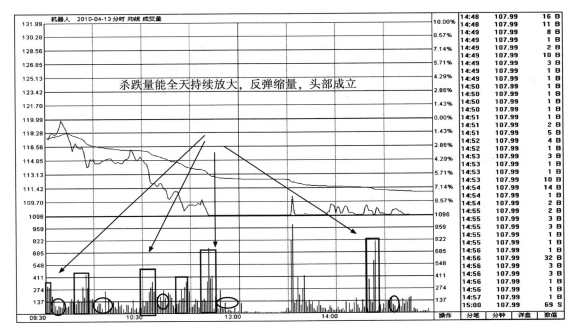

图 8-35　机器人（300024）2010 年 4 月 13 日分时

2. 欧菲光（002456）。

图 8-37 为 2013 年 7 月 5 日该股顶部构造中分时的一个缩影，股价随
着低点降低，分时成交量堆却在递增（图 8-38），显示主力卸货离场的意
愿坚决，而且这里要构造的可能是一个中长期顶部，对投资者来说此等情
形要格外小心，一个翻了 N 倍的股票出现此等波形，后市可能就不大妙了。

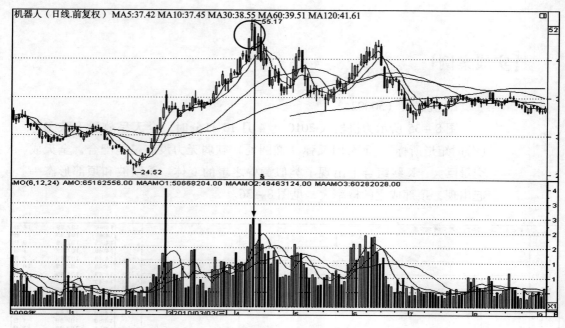

图8-36 机器人（300024），2010年4月13日

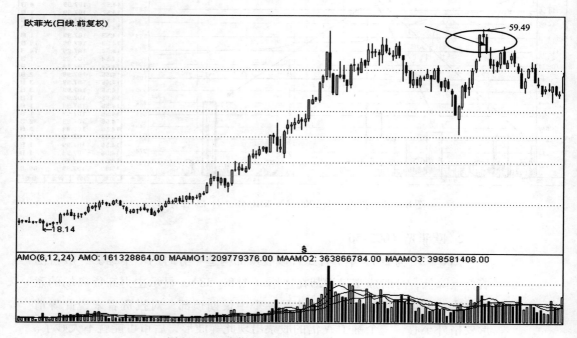

图8-37 欧菲光（002456），2013年7月5日

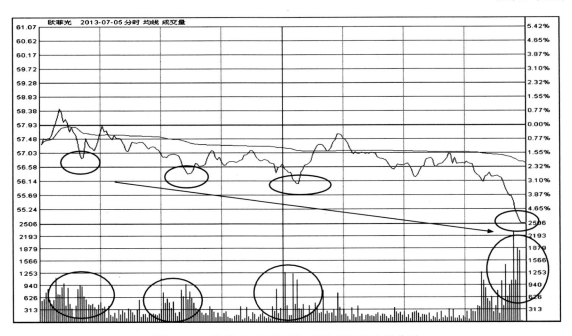

图 8 – 38　欧菲光（002456）2013 年 7 月 5 日分时

第九章

顶部结构力学分析

技术走势就像万物的生长一样，诞生—幼小—青壮—孤老。在上涨趋势力道衰竭时顶部便不远了，如何识别这些技术环节，在看完本章的背离、顶背离共振及结构破坏之后，你会看到一幅活生生的股市走势发展图，感受到宇宙万物之道，殊途同归。

第一节　顶部与背驰

　　对想成为技术类高手的读者来说，如何在第一时间把握股价走势最精确的买卖点就显得非常重要了。这一节和大家交流一下顶部与背驰，希望对诸位第一时间逃顶有所裨益。

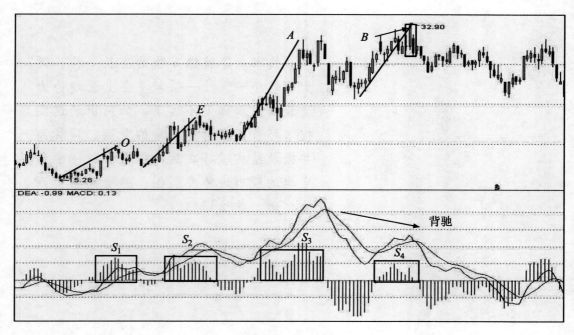

图 9－1　顶部与背驰

【名词解释】顶部与背驰

　　如图 9－1 所示，在股价上涨趋势中的某一正向子波中，如果对应的 MACD 面积和前一正向子波相比出现减少，那此时股价处于背驰状态；如果此时股价出现顶部 K 线结构，那么是背驰中的顶部。

注：

①正向子波指与上涨趋势同方向的向上的一波，可以理解为波浪理论中上涨趋势中的 1、3、5 浪。在图 9-1 中，O、E、A、B 指向的就是正向子波。

②关于背驰共有五种比较方式，限于篇幅，将在《赢家之道》后续作品中给大家做进一步阐述。

【技术释疑】

在图 9-1 中，相比顶点 O、E、A，B 点发生在背驰中的顶部，表示上涨力道的衰竭，通常意味着上涨趋势大概率将终结，其后必然是同级别的下跌趋势，调整时间和空间将极大，实战中应该高度重视。

图 9-2 中的 B 点是常见的背驰顶部，有的很像波浪理论中的结构，但并不是一回事。一个波浪理论的正向子波一般就 3 个，所以顶部也就 3 个，如果某一正向子波走出延长浪，那顶部顶多就 5 个。那请问有 6 个顶部的上涨趋势，如图 9-3 中的这种情况，波浪理论将做何解释？波浪理论的基石，即五浪结构，其创始人艾略特说这来自神启，上帝创造人的时候就是四肢和一个头部五部分，然后手指和脚趾都是五部分。这种解释实在有些牵强，关于结构的问题笔者将在《赢家之道》后续作品中做进一步阐述。

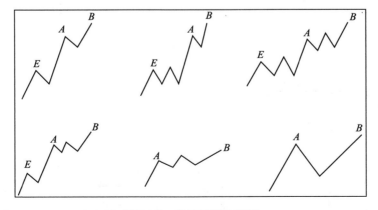

图 9-2 常见的背驰顶部

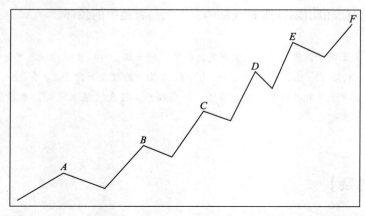

图9-3 6个顶部的情况

【实战案例】

1. 兴业银行（601166）。

如图9-4所示，为兴业银行在2009年年初开始的那段教科书般的上涨。通过比较MACD面积，我们清楚地发现$S_E < S_A > S_B$，所以B点所在的

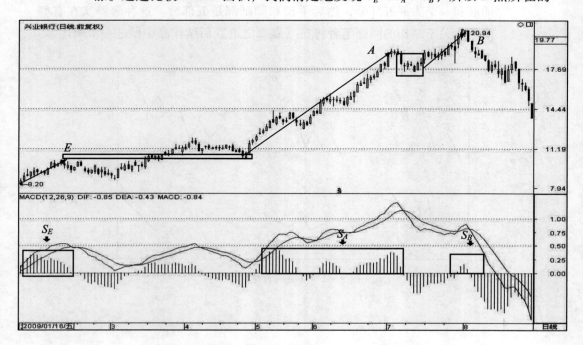

图9-4 兴业银行（601166）2009年1—7月走势

那一段属于股价上涨的背驰段，B 点这个背驰顶部出现后意味着该股这 7 个月的上涨宣告终结，股价陷入了长达 3 年之久的调整，直到 2012 年 10 月才终结，可见破坏力之大。

2. 网宿科技（300017）。

该股的分析方法和案例 1 相同，只是这一上涨趋势终结后的下跌结构非常给人启示，见图 9－5 和图 9－6。我们发现，图中 B 点这个平顶结构后的下跌趋势跟上涨趋势无论时间还是空间、甚至内部结构都完全一致，而这种高度的对称性在股市中随处可见，而 B 点就是这趋势转化的拐点。

3. 上证指数（999999）。

图 9－7 所示是由 4 个盘整的 5 个正向子波组成的上涨趋势。诸位结合前面兴业银行和网宿科技的案例自己分析。需要说明的是，本节内容适用于任何金融市场的技术，一张 K 线图、一个 MACD 就行，连成交量都不用看。

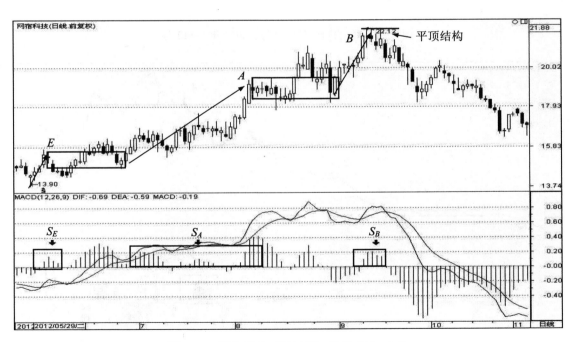

图 9－5　网宿科技（300017）2012 年 5—9 月

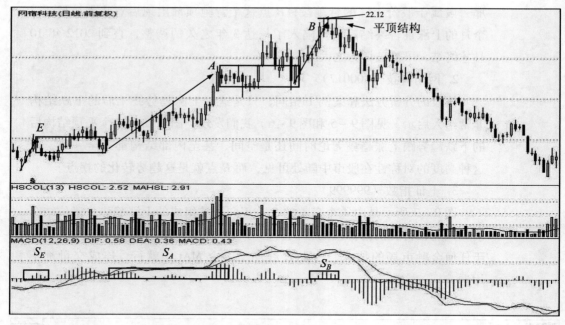

图9-6 网宿科技（300017），2012年5—12月

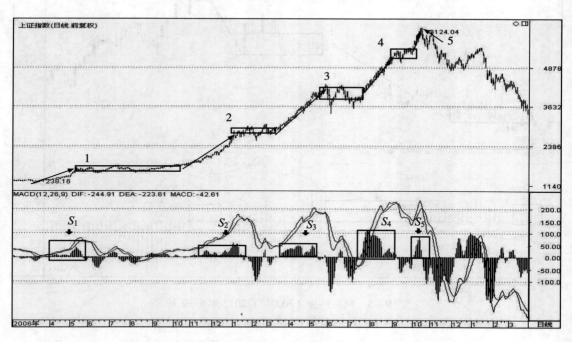

图9-7 上证指数（999999）2006年2月—2007年10月走势

第二节　顶背离共振

【名词解释】顶背离共振

　　如果股价有三个以上级别同时处于顶部背驰状态，就称之为顶背离共振。因此顶背离是个时空概念，空间上要求各级别背离，时间上要求背离同时发生，否则不能称之为共振。

　　对于组和趋势等概念在底背离那节有过详细阐述，这里不再重复。下面给出顶背离共振演示图，如图 9-8 所示。

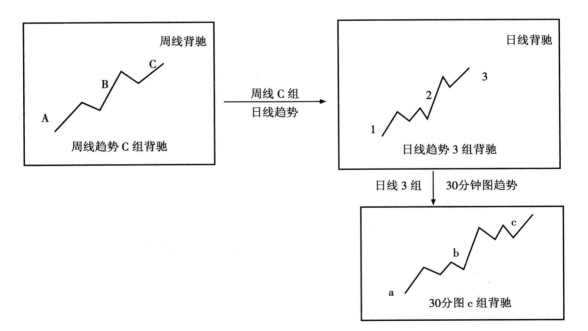

图 9-8　顶背离共振演示图

【实战案例】

如图 9-9 所示，地产指数 K 线很明显属于日线上涨趋势，再观察 MACD，第 3 组明显背驰，日线上涨趋势将面临终结。把第 3 组放到 30 分钟图上观察，根据定义，该组也是 30 分钟一个向上趋势，故需要先观察 30 分钟图的趋势情况。

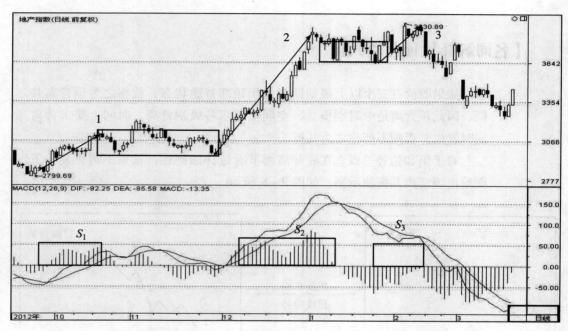

图 9-9　地产指数（000006）2012 年 9 月—2013 年 2 月日线走势

如图 9-10 所示，从图中 30 分钟 K 线图清晰地显示为盘上走势，c 组和 b 组相比处于明显的背驰中，意味着 30 分钟图上涨趋势面临终结。为了研究 c 组情况，我们再把 c 组放大到 5 分钟图观察。

图 9-11 所示为图 9-10 中 c 组 5 分钟走势，我们发现 30 分钟 c 组在 5 分钟图中呈明显的向上趋势，从图中清晰地看到第 4 组处于明显背驰中，即 5 分钟上涨趋势面临终结。

通过观察该指数日线、30 分钟、5 分钟走势，发现三个级别同时处于顶部背驰状态，该指数出现了顶背离共振，这时要以规避风险为上，因为地产板块个股将面临大级别回调的可能。

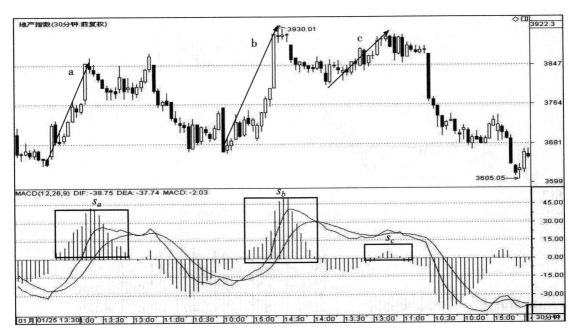

图 9－10　地产指数（000006）2012 年 9 月—2013 年 2 月 30 分钟走势

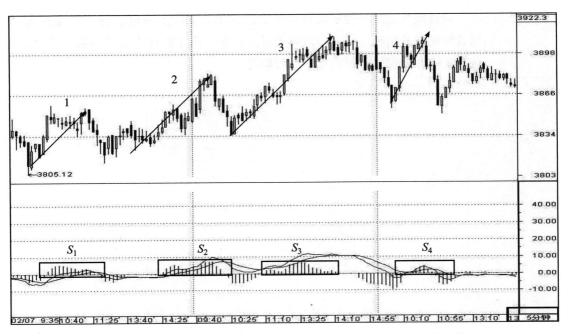

图 9－11　地产指数（000006）2012 年 9 月—2013 年 2 月 5 分钟走势

如图 9－12 所示，从该指数后续表现看，至今仍无调整结束迹象，由此可见顶背离破坏威力之强。

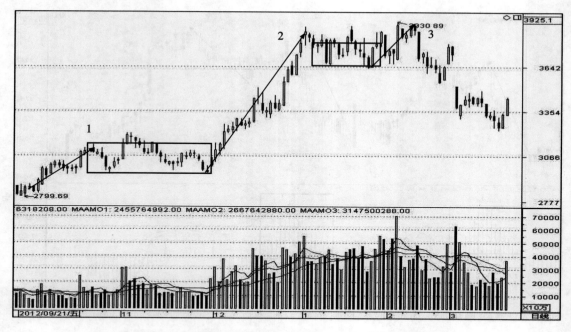

图 9-12　地产指数（000006）2012 年 9 月—2013 年 2 月日走势

　　顶背离共振是一种走时精确的定位技术，实际上通过这种技术能够找到股价见顶的精确点位，但需要大量的复盘工作才能完成由量到质的转化，这需要读者朋友平时做大量的盘后研究。

第三节　顶部级别与杀跌力度

【概念辨析】顶部与杀跌力度

顶部发生在不同的位置，其后的下跌力度会明显不同，如图 9 – 13 所示，发生在图中 A 点，其后下跌仅仅是一组 K 线，到 E 点就结束了，相当于波浪理论的 4 浪调整。但由于 B 点发生在上涨趋势的背驰位置，所以其后的反弹很可能走出一个新的下跌趋势，B 点的下跌多数至少会走到 F 点。究其原因，A 点出现在

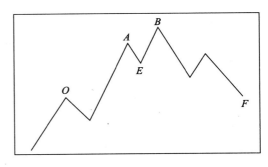

图 9 – 13　顶部与杀跌力度

股价的主升段，而 B 点出现在股价的背驰段，所以 A、B 两点下跌时其力度和级别是明显不同的。

【实战案例】

1. 网宿科技（300017）。

从图 9 – 14 中很清晰地看到网宿科技是两个盘整三组上涨的走势，其中 A 点位于主升段，因此其调整幅度小，至 E 点就结束了；而 B 点位于上涨背驰段，故顶点 B 其后的下跌注定了将会非常惨烈，它结束的是整个上涨趋势，跌到 F 点时仍无止跌迹象。

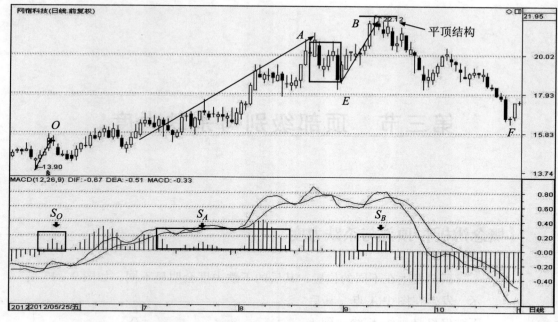

图 9 – 14　网宿科技（300017）2012 年 5—9 月

2. 美原油。

图 9 – 15 为美原油 2007 年 10 月至 2008 年 12 月走势，也是两个盘整三

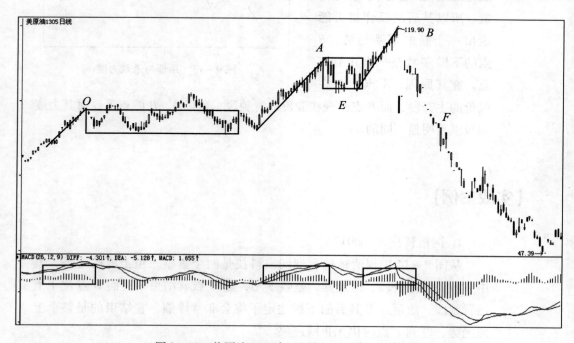

图 9 – 15　美原油 2007 年 10 月—2008 年 12 月走势

组上涨，A 点是主升浪顶点，故调整力度小，至 E 点时便宣告终结；而 B 点所在的那一组是整个上涨趋势的背驰段，故 B 点一出现整个上涨趋势即宣告终结，从图中可以看到 B 点后是暴跌，总结成一个字就是"惨"。

3. 中国化学（601117）。

结合上面两个案例，这个案例就由读者朋友自己分析一下吧，见图 9-16。特别需要提示的是，图中 B 点所在的那组不仅 MACD 面积背驰，而且 MACD 黄白线背驰，即双背驰。双背驰对顶部的确定更明确。

实战中可以根据顶点到底是 A 点还是 B 点来合理制定自己的策略，减仓抑或是清仓要有所依据。

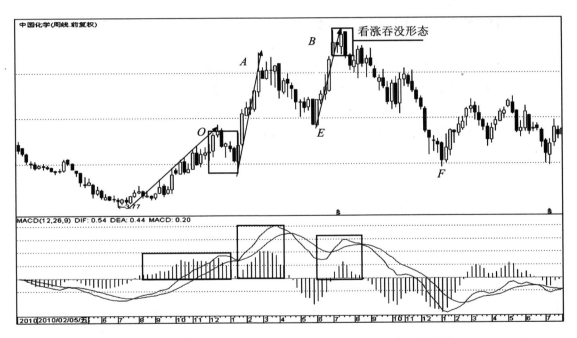

图 9-16 中国化学（601117）2010 年 7 月—2012 年 1 月周线

第四节　顶部与结构破坏

【名词解释】顶部趋势破坏

如图 9－17 和图 9－18 所示，如果 AB 属于 OB 上涨趋势的背驰段，自 B 点开始的下跌破坏了上升趋势最后一升的低点 A 点，即 C 点价位低于 A 点价位，那么称 BC 完成了对 OB 上涨趋势的破坏，随后自 B 点开始的下跌将大概率走出新的与 OB 上涨同级别的下跌趋势 BO_1。

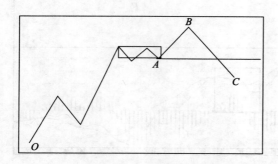

图 9－17　顶部与趋势破坏示意图（一）

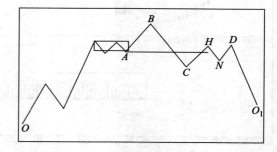

图 9－18　顶部与趋势破坏示意图（二）

【概念辨析】

顶部趋势破坏技术释义：在图 9－17 和图 9－18 中，A 点是 OB 趋势的最后一个低点，是多头的最前沿阵地，由于获利的时间最短，获利的幅度最小，所以股价一旦下跌 A 点多天买入想法最坚决、买入力道最强，一旦空头击溃了 A 点买方力道，多头前沿阵地即宣告失守，随后多方将会土崩瓦解，暴跌一触而发。

【实战案例】

1. 承德露露（000848）。

如图 9 - 19 所示，其周 K 线图形很清晰，B 点位于走势背驰段，AB 是明显背驰的一组，其后一旦出现黄昏之星形态，基本意味着整个上涨趋势 OB 结束，而下跌至 C 点已经破坏了股价最后一升的低点 A，故确定上涨趋势结束，跌破 A 点是个结构破坏卖点，图中反弹至 B 点时是最后卖出机会。

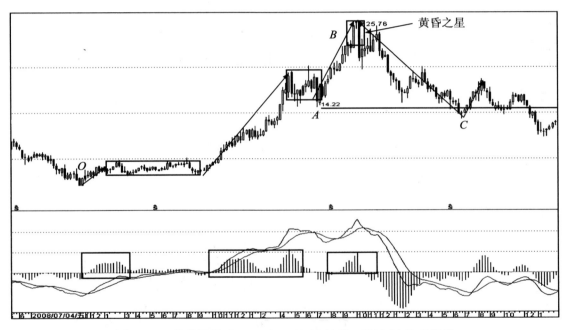

图 9 - 19　承德露露（000848）2008 年 11 月—2010 年 10 月周线

2. 红日药业（300026）。

从图 9 - 20 中该股的 MACD 面积变化看到 AB 是整个 OB 上涨趋势的背驰段，B 点出现了釜底抽薪顶部形态，且 B 点开始的下跌破坏了上涨趋势最后一升的低点 A，所以构成了破坏性卖点，这意味着整个上涨趋势宣告结束，跌破 A 点价位构成即时卖出条件，随后反弹至 F 点是补救性卖点，也是最后卖出机会。

3. 北辰实业（601588）。

图 9 - 21 所示为北辰实业 2012 年 11 月—2013 年 3 月日线，请读者朋

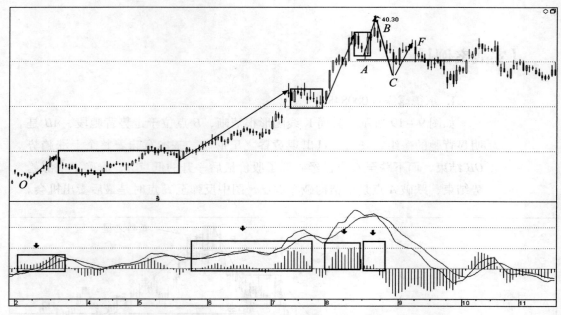

图9-20 红日药业（300026）2011年11月—2012年9月日线

友结合承德露露和红日药业的案例自己分析吧。这里需要强调的是，关于
结构破坏还有很多细节需进一步明辨，篇幅所限，这些会在《赢家之道》
后续作品中做进一步阐述。

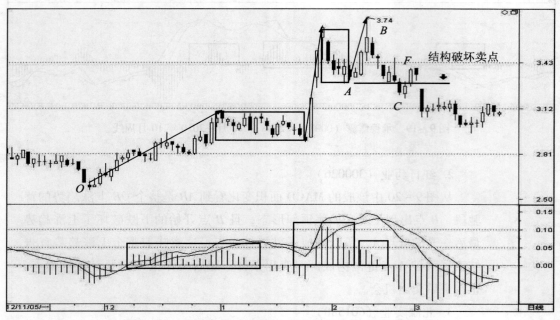

图9-21 北辰实业（601588）2012年11月—2013年3月

第十章

终极篇

　　股票下跌中有无数的底，但真正的底部只有一个，所以下跌途中的等待对任何人来说都需要莫大的定力，当买入后最重要的是持有，但上涨通常是蜿蜒曲折的盘升格局；在股价上涨过程中我们会遇到无数的假顶，而真正的头部只有一个，这种持有的煎熬不亚于下跌中的空仓等待，实盘中如何调节自己的心态就显得尤为重要。

　　在实战中决定成败的因素里，技术只占三成，另外七成是心理因素，成熟的投资者都是随时随地都能自我控制的自律者，心理层面对投资成功具有决定性因素，因为再好的技术都需要人来完成。

第一节　底部实战操盘精要

　　抄底是个风险极大的活儿，在股价下跌趋势中有太多的假底，假底的风险在于它只是反弹，因为真正的底部只有一个，从这个意义上讲，抄底是个九死一生的活儿，长期实盘经验让笔者对此有很深刻的体会，笔者这里讲几个抄底的要点供大家参考，希望读者能少走些弯路。

　　1. 抄底必须要抄在股价的背驰段

　　图 10 - 1 ~ 图 10 - 3 都是常见的股价底部，图中只有处于背驰段的 *B* 点才是真正值得我们实战介入的底部。

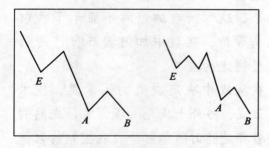

图 10 - 1　股价底部（一）

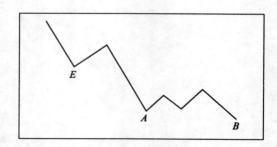

图 10 - 2　股价底部（二）

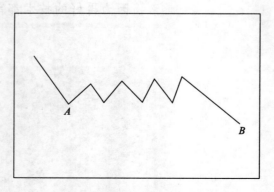

图 10 - 3　股价底部（三）

2. 股价越过最近的下降趋势线

通过比较图 10-4 中的 MACD 面积，我们能清楚地看到 B 点是股价走势背驰段的一个低点，当股价越过最近的下降趋势线 L 的那个 G 点，就是我们可以稳健介入的位置。需要强调一点，G 点是个萌动点，是实盘时重要的信号，为了防止诱多陷阱，必须等含 G 点的那根 K 线收盘价站在 L 之上才能参与。

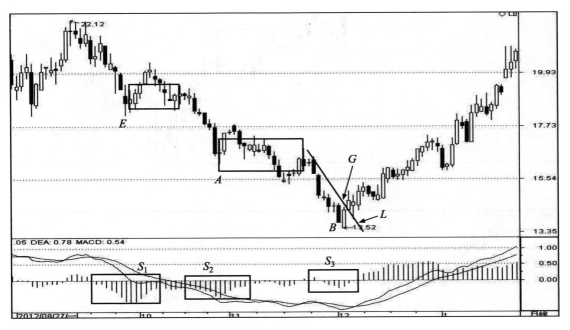

图 10-4　网宿科技（300017），2012 年 9—12 月

3. 出现底部 K 线形态。

图 10-5 中 B 点这个位置必须有底部 K 线形态出现，如图中出现的就是个刺透形态，如果连最基本的底部 K 线形态都没有，那底部成立的概率极小。

4. 底部形态看盘指标。

笔者的底部形态看盘指标有两个：一个是战神趋势建仓指标，出现粉红柱，粉红柱高度越高、面积越大，且红、绿线金叉是个底部介入信号；另一个是战神底共振指标，当短、中长、长期四线开始金叉时容易诞生大级别底部。

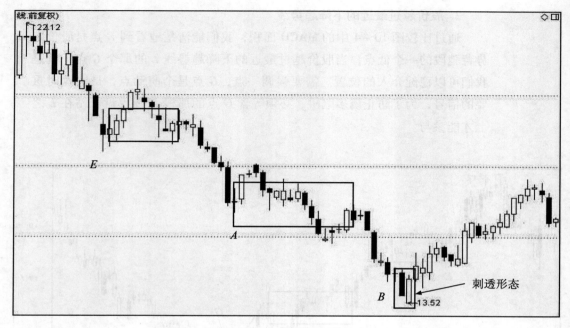

图 10 – 5　底部 K 线形态

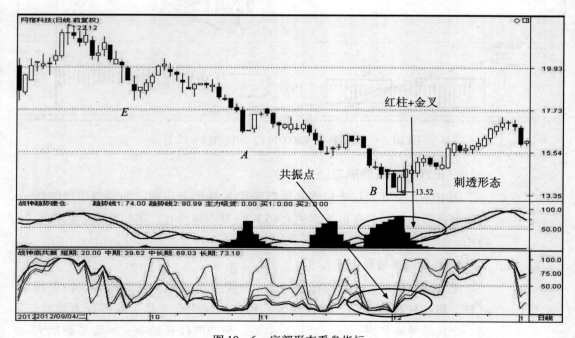

图 10 – 6　底部形态看盘指标

随后附的是这两个指标的源代码，都是通达信副图指标，安装过程在笔者的第一本书《赢家之道 1——涨停板战法与分时战法》里已有过详细介绍，这里就不再重复了。

总之，以上四点要结合起来综合分析，如果规范操作，那么实战中成功的概率应该在80%以上。资金管理上可操作"涨停板战法"中的资金管理办法按334原则作处理，同时要做好止损准备，实战中抱有好的预期没错，但坏的应对策略要有。

附：

1. 战神底共振（副图指标源代码）

短期：100 * （C - LLV（L，5））/（HHV（C，5） - LLV（L，5）），COLORWHITE；

中期：100 * （C - LLV（L，10））/（HHV（C，10） - LLV（L，10）），COLORYELLOW；

中长期：100 * （C - LLV（L，20））/（HHV（C，20） - LLV（L，20）），COLORMAGENTA；

长期：100 * （C - LLV（L，30））/（HHV（C，30） - LLV（L，30）），COLORRED，LINETHICK2；

2. 战神趋势建仓（副图指标源代码）

｛趋势指标｝

VAR1：＝REF（LOW，1）；

VAR2：＝SMA（ABS（LOW - VAR1），3，1）/SMA（MAX（LOW - VAR1，0），3，1）* 100；

VAR3：＝EMA（IF（CLOSE* 1.2，VAR2 * 10，VAR2 /10），3）；

VAR4：＝LLV（LOW，38）；

VAR5：＝HHV（VAR3，38）；

VAR6：＝IF（LLV（LOW，90），1，0）；

VAR7：＝EMA（IF（LOW <＝VAR4，（VAR3 + VAR5 * 2）/2，0），3）/618 * VAR6；

VAR8：＝（（C - LLV（L，21））/（HHV（H，21） - LLV（L，21）））* 100；

VAR9：＝SMA（VAR8，13，8）；

底线：＝0，COLOR00FFFF；

吸筹1：STICKLINE（VAR7，0，VAR7，6，0），COLOR0000FF；

吸筹2：STICKLINE（VAR7，0，VAR7，5，0），COLOR6600FF；

吸筹3：STICKLINE（VAR7，0，VAR7，4，0），COLORBB00FF；

吸筹4：STICKLINE（VAR7，0，VAR7，3，0），COLORFF00FF；

吸筹5：STICKLINE（VAR7，0，VAR7，2，0），COLORFF33FF；

吸筹6：STICKLINE(VAR7,0,VAR7,1,0),COLORFF66FF;

吸筹7：STICKLINE(VAR7,0,VAR7,0,0),COLORFF99FF;

趋势线1：CEILING(SMA(VAR9,13,8)),LINETHICK2,COLORRED;

趋势线2：MA(3＊SMA((C－LLV(L,27))/(HHV(H,27)－LLV(L,

　　　　27))＊100,5,1)－2＊

　　　　SMA(SMA((C－LLV(L,27))/(HHV(H,27)－LLV(L,

　　　　27))＊100,5,1),3,1),5),

　　　　LINETHICK2,COLORCYAN;

主力吸货：VAR7,COLOR0000FF;

AA1：＝COUNT((HHV(HIGH,5)－C)/HHV(HIGH,5)＊100＞8,2)＝

1 AND C＞＝REF(C,1);

BB1：＝COUNT((HHV(HIGH,15)－C)/HHV(HIGH,15)＊100＞20,

2)＝1 AND C＞＝REF(C,1);

买1：IF（AA1 AND C＞O,0.5,0）＊10,COLORYELLOW,

LINETHICK2;

买2：IF(BB1 AND C＞O,0.7,0)＊15,COLORCYAN,LINETHICK2;

第二节 顶部实战操盘精要

相比抄底，逃顶会让人轻松很多，逃错了顶最多少赚些，只是出于利润最大化的考虑，我们总希望自己能卖在高位或相对高位，谁都不想被抛弃在启动的前夜，那种小赚的懊恼远比赔几个点更让人沮丧。这里谈谈笔者的经验，希望对朋友们能有帮助。

1. 顶部一般发生在股价的背驰段。

如图 10 - 7 ~ 图 10 - 10 所示，它们分别呈现出常见的四种顶部，图中位于背驰段的 B 点通常会发生大的趋势逆转，此时往往构成大的卖点，这是最需要注意的一种情况。

另外，B 点的可怕性还在于，一旦发生，几天之内就能吐掉你持股几年的盈利。如图 10 - 11 所示，重庆啤酒 9 天就毁掉了该股 3 年多的涨幅，近年大跌的股票几乎都是这种形态，所以，B 点，不可不察！

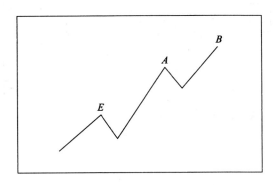

图 10 - 7　股价顶部（一）

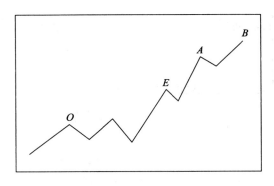

图 10 - 8　股价顶部（二）

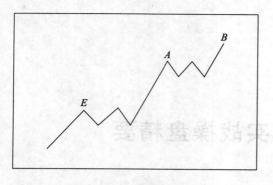

图 10 - 9　股价顶部（三）

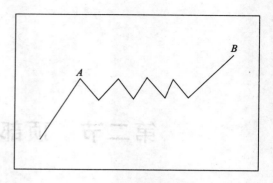

图 10 - 10　股价顶部（四）

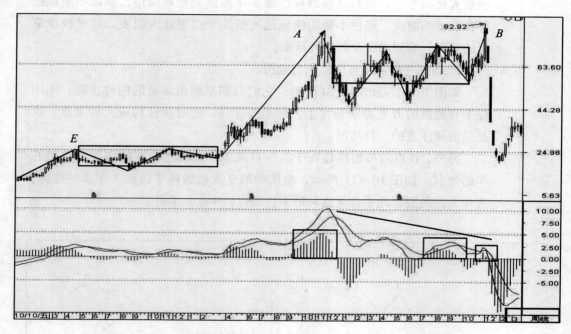

图 10 - 11　重庆啤酒（600132）2008 年 12 月—2012 年 7 月周线

2. 跌破最近的支撑线。

仍以重庆啤酒为例，见图 10 - 12。背驰段一旦跌破其最近的支撑线，即便不清仓也一定要先减仓出来，这地方处理起来不存在技术上的障碍，更多的是心理层面的，当外界一直看多或当媒体大肆渲染其利好时，我们的警惕心就丧失了。

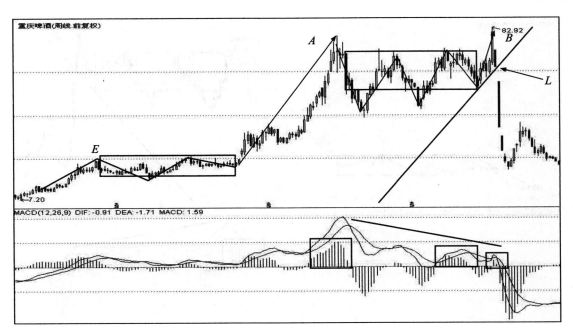

图 10-12 重庆啤酒（600132）2008 年 12 月—2012 年 7 月周线跌破支撑线

3. 出现顶部 K 线形态。

如果股价 K 线重心不断抬高，K 线连最起码的顶部形态都没出现，一般不用担心，所以出现顶部 K 线形态是最初值得注意的信号。

如图 10-13 所示，重庆啤酒的釜底抽薪顶部形态一出现就应高度重视，至少要提高警惕性，战战兢兢、如履薄冰，高位时就像走钢丝一般，马虎不得。

4. 顶部看盘系统。

笔者的顶部看盘系统，见图 10-14，当战神顶部预警指标出现三角形时，一般意味着顶部为时不远，需要高度关注；如果此时战神顶共振指标出现三线死叉，那顶部大概率成立，是减仓点。

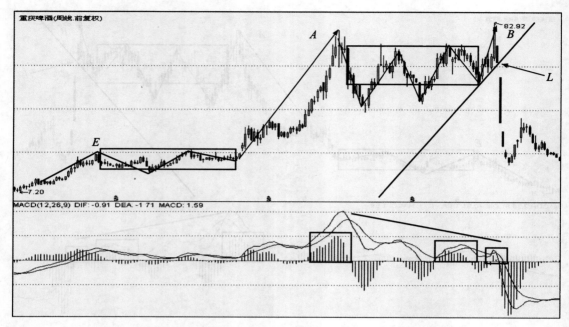

图 10 – 13   重庆啤酒（600132）2008 年 12 月—2012 年 7 月周线

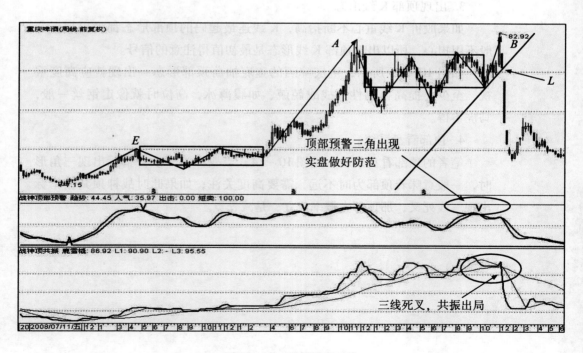

图 10 – 14   顶部看盘系统

附：

1. 战神顶部预警

VAR1F:=((CLOSE-LLV(LOW,27))/(HHV(HIGH,27)-LLV(LOW,27)))*(100);

VAR21:=SMA(VAR1F,3,1);

趋势：SMA(VAR21,3,1),COLOR0000FF,LINETHICK2;

人气：SMA(趋势,3,1),COLORYELLOW,LINETHICK2;

出击：IF(CROSS(趋势,人气)AND(趋势<30),20,0),COLOR0000FF,LINETHICK2;

短卖：IF(CROSS(人气,趋势)AND(人气>75),85,100),COLOR008000,LINETHICK2。

2. 战神顶共振

VAR1:=MA((LLV(C*1.1,36)-LLV(C*0.9,36)),36);

VAR2:=MA((LLV(C,6)*6-VAR1),1);

鹿雪橇：MA(VAR2,9),COLORFF8800;

L1:VAR2,COLOR8000F0,LINETHICK2;

L2：IF(VAR2<鹿雪橇,VAR2,DRAWNULL),COLOR008800,LINETHICK2;

L3:MA(VAR2,36),COLORFFFFFF,LINETHICK1。

第三节　心理制控

日升日落，春夏秋冬，终而复始，太阳底下没有什么新鲜事。股市中也是如此，出现过的还会再出现，一些规律性的东西不断地循环往复，通过对以往历史的研究，可以很好地帮助我们预知后事的发展方向。

参与股市投资的都是活生生的，并能够独立思考和随机应变的人，那么，用既定的理论和套路去应对不断变化的股市，又怎么能保证每次都对？虽然在实战中经常出现的具有普遍规律的东西能够帮助你提高获利的概率，但意外的、特殊性的情况也时有发生，因为世间并无通治百病的药，这一点要深刻地认识到，所以再好的理论都要亲自到实战中去检验一番，同时时刻保持一颗开放、轻灵之心是面对实战的最强法宝。

在你的炒股生涯中，很多时间都是用来等待机会的出现。其实，股市中很多时候就是这样的状态，不能每时每刻都在进攻，顶部出现时要学会空仓，底部出现后一定要保持足够的耐心来持股。炒股首先要保住自己的本金，在这个基础上既要有既定的操盘体系和方略，又要有一套行之有效的方法来保证你持续盈利，这里说的是持续盈利，不是渴求自己大赚特赚，只要能做到持续稳定的盈利而不出现大的亏损就可以了。

人性有时很贪婪，中小投资者在这方面表现得更突出一些，经常会不思考系统存在的风险而进行一些毫无计划的、具有豪赌性质的满仓、重仓的操作，没有事前的止盈止损预案，那买卖、进出的依据自己问过自己没有？事先不搞清楚这些，想保证稳定的持续性盈利可以说基本上属于妄想。操作随性、赌性太强，总是幻想自己买的股票会一飞冲天，结果亏损时也总在幻想会涨回来，直到最后赔得血本无归。

实战中决定成败的因素里技术只占三成，另外七成是心理因素，成熟的投资者都是随时随刻都能自我控制的自律者，心理层面对投资成功具有决定性因素，因为再好的技术都需要人来完成。

后　　记

A 股市场不是赌场，赌场掷色子至少还有 50% 的胜率。A 股市场却是个负和市场，我们在交易时要缴纳印花税、佣金、过户税、红利税等税费，所以，如果仅仅是 50% 的操作胜率，那么长久下去资产肯定还是要被清零的。仅从理论角度看，我们的 A 股对投资者综合技能要求更高，就笔者的理解看来，要想在 A 股生存必须兼具投资者和投机者的双重素质才行。笔者的这本《赢家之道 2——底与顶》的着眼点就在这里，希望读者朋友读了它之后能在 A 股投资市场中生存下来，并且能活得越来越好。

本书写作期间得到了家人的大力支持，成书期间得到地震出版社刘素剑编审的大力帮助，很多读者朋友也提出了不少中肯的意见，笔者在此一一谢过。

《赢家之道——涨停板战法和分时战法》和《赢家之道 2——底与顶》出版后有人冒充笔者行骗，这里重申一下，笔者不接受大资金运作、不接受代客理财、不招收会员，请读者朋友们谨防不法之徒，以免上当受骗。再次感谢读者朋友们的支持，祝大家投资顺利！

沧桑战神

2020 年 8 月于济南